# Weihnachts-backen

©   Verlag Zabert Sandmann
München
1. Auflage 2008
ISBN 978-3-89883-210-6

| | |
|---|---|
| Grafische Gestaltung | Kuni Taguchi |
| Umschlaggestaltung | Barbara Markwitz |
| Fotografie | siehe Bildnachweis (Seite 88) |
| Redaktion | Alexandra Schlinz |
| Herstellung | Karin Mayer, Peter Karg-Cordes |
| Lithografie | MM Intec GmbH, Miesbach |
| Druck & Bindung | Mohn media Mohndruck GmbH, Gütersloh |

 Beim Druck dieses Buchs wurde durch den innovativen Einsatz
der Kraft-Wärme-Kopplung im Vergleich zum herkömmlichen Energie-
einsatz bis zu 52% weniger $CO_2$ emittiert.   *Dr. Schorb, ifeu.Institut*

Besuchen Sie uns auch im Internet unter www.zsverlag.de

# Weihnachts-backen

ZABERT
SANDMANN

# Inhalt

# Alle Jahre wieder ...

... geht es spätestens im Dezember in der Backstube heiß her. Denn die Vorfreude auf Weihnachten steigt, wenn die Plätzchenproduktion auf Hochtouren läuft und köstliches Naschwerk verführerisch duftend aus dem Ofen kommt. In diesem Buch finden passionierte Hobbybäcker alles, was ihr Herz begehrt: ob traditionelle Lebkuchen oder festliche Stollen, ob berühmte Klassiker wie Kokosmakronen oder trendige Knabbereien wie Mangoschnecken. Der Fantasie und Kreativität sind keine Grenzen gesetzt, wenn es darum geht, Familie und Freunden die Adventszeit und das Warten auf Weihnachten zu versüßen. Auch Anfänger in der Backstube können sich unbeschwert an Nudelholz, Plätzchenausstecher und Rührschüssel wagen, denn die Rezepte in diesem Buch sind für alle leicht nachvollziehbar. Und wenn es dann im ganzen Haus nach Vanille, Zimt und Anis duftet, werden nicht nur alle Sinne betört, sondern auch süße Kindheitserinnerungen geweckt.

# Klassische Plätzchen

#  Zimtsterne

## MIT MANDELN

**Zutaten** *für ca. 40 Stück*

*3 Eiweiß*

*200 g Puderzucker*

*350 g gemahlene Mandeln*

*1 TL abgeriebene unbehan-*
*delte Zitronenschale*

*2 TL Zimtpulver*

*Zucker für die Arbeitsfläche*

**Zubereitung**

*1* Die Eiweiße zu einem steifen Schnee schlagen, dabei nach und nach den Puderzucker einrieseln lassen. Für die Glasur etwa 1 Tasse Eischnee abnehmen und zugedeckt kühl stellen.

*2* Von den Mandeln 300 g abwiegen, mit der Zitronenschale und dem Zimt mischen und portionsweise mit dem Teigschaber unter den restlichen Eischnee heben. Die Mandel-Zimt-Masse zugedeckt etwa 1 Stunde kühl stellen.

*3* Den Backofen auf 150 °C vorheizen. Ein Backblech mit Backpapier auslegen. Die Arbeitsfläche mit den restlichen Mandeln bestreuen und die Mandel-Zimt-Masse darauf etwa 6 mm dick ausrollen.

*4* Aus der Masse mit Ausstechern Sterne in verschiedenen Größen ausstechen, die Förmchen dabei zwischendurch in heißes Wasser tauchen. Die Zimtsterne auf das Blech setzen und gleichmäßig mit der Eischneeglasur überziehen.

*5* Die Zimtsterne im Ofen auf der mittleren Schiene etwa 25 Minuten (je nach Größe) backen. Die Plätzchen sollten innen noch weich und die Oberfläche weiß sein. Herausnehmen und auf dem Kuchengitter abkühlen lassen.

*Nüsse, Mandeln & Co. am besten ganz kaufen und
erst bei Bedarf frisch mahlen – sonst verlieren sie rasch an Aroma.
Zum Enthäuten die Mandeln 1 Minute in wenig Wasser
kochen und kalt abschrecken. So lassen sich die Häutchen
ganz leicht ablösen.*

# Mandeltaler

## MIT KANDIERTEN KIRSCHEN

### Zutaten *für ca. 50 Stück*

*Für den Teig:*

*80 g Belegkirschen · 225 g Mehl*

*1 TL Backpulver · 80 g brauner Zucker*

*80 g gehackte Mandeln · Salz*

*Zimt- und Nelkenpulver*

*gemahlener Ingwer · 1 Ei*

*100 g kalte Butter · 1 Eigelb*

*Für die Deko:*

*100 g Belegkirschen*

*3 EL Mandelblättchen*

### Zubereitung

1 Für den Teig die Belegkirschen hacken und mit dem Mehl, dem Backpulver, dem Zucker, den Mandeln und je 1 Prise Salz, Zimt, Nelken und Ingwer mischen. Auf die Arbeitsfläche häufen und in die Mitte eine Mulde drücken. Das Ei in die Mulde geben, die Butter in Stücke schneiden und um das Ei herum verteilen.

2 Alle Zutaten mit kühlen Händen rasch zu einem glatten Teig verkneten. Zu einer Rolle von etwa 4 cm Durchmesser formen, in Frischhaltefolie wickeln und 1 Stunde kühl stellen.

3 Den Backofen auf 180 °C vorheizen. Ein Backblech mit Backpapier auslegen. Die gekühlte Teigrolle in etwa ½ cm dicke Scheiben schneiden und die Teigtaler auf das Blech setzen. Das Eigelb verquirlen und die Plätzchen damit bestreichen.

4 Für die Deko die Belegkirschen halbieren und je 1 Kirschhälfte in die Mitte der Plätzchen geben. Mit Mandelblättchen bestreuen. Die Mandeltaler im Ofen auf der mittleren Schiene etwa 12 Minuten backen. Herausnehmen und auf dem Kuchengitter abkühlen lassen.

*Nehmen Sie die Plätzchen nach dem Backen sofort vom Blech – das zarte Gebäck ist sehr hitzeempfindlich und kann schnell auf dem noch heißen Backblech verbrennen.*

# Schwarz-Weiß-Gebäck

## MIT KAKAO UND VANILLE

### Zubereitung

1 Die Butter mit dem Zucker, der Vanille, 1 Prise Salz und der Milch in einer Schüssel mit den Quirlen des Handrührgeräts cremig rühren. Das Mehl hinzufügen und alles zu einem glatten Teig verkneten. Den Teig halbieren und eine Hälfte mit dem Kakao verkneten. Getrennt zu Kugeln formen, in Frischhaltefolie wickeln und 1 Stunde kühl stellen.

2 Den hellen und den dunklen Teig auf der leicht bemehlten Arbeitsfläche jeweils zu etwa 1 cm dicken Rechtecken ausrollen. Jedes Rechteck längs halbieren, sodass 2 helle und 2 dunkle gleich große Teigplatten vorliegen.

3 Die hellen und dunklen Teigplatten abwechselnd aufeinanderlegen, dabei auf den »Klebeflächen« mit verquirltem Eiweiß bestreichen. Den schwarzweißen Teigblock mit Frischhaltefolie zugedeckt mindestens 1 Stunde kühl stellen.

4 Den Backofen auf 180 °C vorheizen. Ein Backblech mit Backpapier auslegen. Den Teigblock in 6 cm breite Streifen und diese quer in 1 cm dicke Scheiben schneiden. Das Schwarz-Weiß-Gebäck auf das Blech legen und im Ofen auf der mittleren Schiene 10 bis 12 Minuten backen.

*Falls Sie keine gemahlene Vanille bekommen,*
*verwenden Sie stattdessen Vanillemark.*
*Dafür 1 Vanilleschote der Länge nach aufschneiden*
*und das Mark herauskratzen.*

**Zutaten** *für ca. 50 Stück*

*150 g weiche Butter*

*70 g Zucker*

*1 TL gemahlene Vanille*

*(aus dem Bioladen)*

*Salz · 1 EL Milch*

*250 g Mehl*

*1 1/2 EL Kakaopulver*

*Mehl für die Arbeitsfläche*

*1 Eiweiß*

# Kokoskipferln

## UND CRANBERRY-COOKIES

### Zutaten

*für ca. 50 bzw. 20 Stück*

*Für die Kipferln:*
75 g Kokosraspel
200 g kalte Butter
100 g Puderzucker · Salz
abgeriebene Schale von
½ unbehandelten Zitrone
Mark von 2 Vanilleschoten
225 g Mehl
*Für die Cookies:*
100 g weiche Butter
80 g Zucker
50 g brauner Zucker
1 großes Ei
1 Päckchen Vanillezucker
175 g Mehl
1 TL Backpulver
50 g getrocknete Cranberries
75 g Erdnüsse

### Zubereitung

*1* Für die Kipferln von den Kokosraspeln 3 EL abnehmen und beiseitestellen. Den Rest in einer beschichteten Pfanne ohne Fett anrösten und abkühlen lassen.

*2* Die Butter in kleine Stücke schneiden und mit 75 g Puderzucker, 1 Prise Salz, der Zitronenschale, dem Vanillemark, dem Mehl und den gerösteten Kokosraspeln mit kühlen Händen rasch zu einem glatten Teig verkneten. Den Teig zu 3 Rollen à 3 cm Durchmesser formen, in Frischhaltefolie wickeln und etwa 2 Stunden kühl stellen.

*3* Den Backofen auf 180°C vorheizen. Ein Backblech mit Backpapier auslegen. Von den Teigrollen jeweils 1 cm dicke Scheiben abschneiden und diese mit den Händen zu Kipferln formen. Auf das Blech setzen und im Ofen auf der mittleren Schiene 10 bis 12 Minuten hell backen.

*4* Inzwischen die beiseitegestellten Kokosraspel mit dem restlichen Puderzucker auf einem Teller mischen. Die Kipferln aus dem Ofen nehmen, noch warm in der Kokosmischung wenden und abkühlen lassen.

*5* Für die Cookies den Backofen auf 180°C vorheizen. Ein Backblech mit Backpapier auslegen. Die Butter mit Zucker und braunem Zucker in einer Schüssel mit den Quirlen des Handrührgeräts schaumig schlagen. Das Ei verquirlen und mit dem Vanillezucker unter die Buttermasse rühren.

*6* Das Mehl und das Backpulver mischen und unter die Buttermasse rühren. Die Cranberries und die Erdnüsse hacken und unterheben. Von dem Teig mit einem Teelöffel kleine Portionen abnehmen und als Häufchen mit etwa 5 cm Abstand auf das Blech setzen. Im Ofen auf der mittleren Schiene 10 bis 12 Minuten goldbraun backen.

*7* Die Cookies herausnehmen und 5 Minuten auf dem Backblech abkühlen lassen. Auf das Kuchengitter setzen und vollständig auskühlen lassen.

# Spitzbuben

## MIT HIMBEERGELEE

**Zutaten** *für ca. 40 Stück*

*250 g Mehl*

*150 g geschälte gemahlene Mandeln*

*Salz · 200 g Puderzucker*

*3 Eigelb*

*200 g kalte Butter*

*Mehl für die Arbeitsfläche*

*ca. 5 EL Zucker zum Wenden*

*150 g Himbeergelee*

### Zubereitung

*1* Das Mehl mit den Mandeln, 1 Prise Salz und dem Puderzucker mischen, auf die Arbeitsfläche häufen und in die Mitte eine Mulde drücken. Die Eigelbe in die Mulde geben, die Butter in Stücke schneiden und um die Eigelbe herum verteilen. Alle Zutaten mit kühlen Händen rasch zu einem glatten Teig verkneten. Zu einer Kugel formen, in Frischhaltefolie wickeln und mindestens 30 Minuten kühl stellen.

*2* Den Backofen auf 180 °C vorheizen. Ein Backblech mit Backpapier auslegen. Den Teig auf der bemehlten Arbeitsfläche etwa 3 mm dick ausrollen und mit einem runden Ausstecher mit Wellenrand (etwa 5 cm Durchmesser) Kreise ausstechen, das Förmchen dabei zwischendurch in heißes Wasser tauchen.

*3* Aus der Hälfte der Teigkreise mit einem kleineren Ausstecher Löcher ausstechen. Die Teigkreise und -ringe mit etwas Abstand auf das Blech legen. Im Ofen auf der mittleren Schiene etwa 12 Minuten hell backen.

*4* Die Plätzchen herausnehmen und auf dem Kuchengitter abkühlen lassen. Den Zucker auf einen Teller geben und die noch warmen gelochten Plätzchen mit einer Seite hineindrücken. Das Himbeergelee glatt rühren, falls nötig, etwas erwärmen und die ganzen Plätzchen damit bestreichen. Jeweils ein gelochtes Plätzchen als »Deckel« mit der gezuckerten Seite nach oben daraufsetzen.

*Die Teigringe sind meist einige Minuten früher durchgebacken als die Teigkreise. Backen Sie sie deswegen am besten auf einem eigenen Blech, dann können Sie sie bei Bedarf früher aus dem Ofen nehmen.*

# Pistazientaler

## MIT HAGELZUCKER

### Zutaten *für ca. 45 Stück*

*Für den Teig:*

*150 g Mehl*

*150 g fein gemahlene Pistazien*

*150 g Zucker · Salz*

*1 Ei · Mark von 1 Vanilleschote*

*200 g kalte Butter*

*Außerdem:*

*Mehl für die Arbeitsfläche*

### Zubereitung

*1* Für den Teig das Mehl mit den Pistazien, dem Zucker und 1 Prise Salz mischen, auf die Arbeitsfläche häufen und in die Mitte eine Mulde drücken. Das Ei und das Vanillemark in die Mulde geben, die Butter in Stücke schneiden und um das Ei herum verteilen.

*2* Alle Zutaten mit kühlen Händen zu einem glatten Teig verkneten. Zu einer Kugel formen, in Frischhaltefolie wickeln und mindestens 30 Minuten kühl stellen.

*3* Den Backofen auf 180 °C vorheizen. Ein Backblech mit Backpapier auslegen. Den Teig auf der bemehlten Arbeitsfläche 3 bis 4 mm dick ausrollen und mit einem runden Ausstecher mit Wellenrand (etwa 5 cm Durchmesser) Kreise ausstechen. Die Teigkreise auf das Blech setzen und im Ofen auf der mittleren Schiene 10 bis 12 Minuten backen.

*4* Die Pistazientaler herausnehmen und auf dem Kuchengitter abkühlen lassen.

*Die Pistazienplätzchen können Sie ganz nach Vorliebe mit Kakaopulver und Hagelzucker verzieren. Oder Sie schmelzen etwas dunkle Kuvertüre und verzieren die Plätzchen damit.*

# Kokosmakronen
## MIT ORANGENAROMA

### Zubereitung

1  Den Backofen auf 120°C vorheizen. Ein Backblech mit Backpapier auslegen. Die Kokosraspel mit der Hälfte des Zuckers, dem Vanillezucker und der Orangenschale mischen.

2  Die Eiweiße mit dem Zitronensaft in einer Schüssel zu einem steifen Schnee schlagen, dabei nach und nach den restlichen Zucker einrieseln lassen. So lange weiterschlagen, bis sich der Zucker aufgelöst hat. Die Kokosmischung portionsweise mit dem Teigschaber vorsichtig unter den Eischnee heben.

3  Von der Masse mit zwei angefeuchteten Teelöffeln walnussgroße Portionen abnehmen, zu Häufchen formen, mit etwa 3 cm Abstand zueinander auf das Blech setzen und etwas flach drücken. Die Kokosmakronen im Ofen auf der mittleren Schiene etwa 10 Minuten backen. Herausnehmen und auf dem Kuchengitter vollständig abkühlen lassen.

4  Die Kuvertüre hacken und in einer Metallschüssel im heißen Wasserbad unter Rühren schmelzen lassen. Die flüssige Kuvertüre in einen Gefrierbeutel füllen, am unteren Ende eine kleine Ecke abschneiden und die Kokosmakronen nach Belieben mit Schokotropfen verzieren.

*Noch fruchtiger wird die Kokosmasse, wenn
Sie 1 bis 2 EL gehacktes Orangeat unterrühren.
Wenn Sie das Orangeat vor dem Hacken
mit etwas Rum mischen, klebt es nicht am Messer.*

### Zutaten *für ca. 40 Stück*

*140 g Kokosraspel*

*120 g Zucker*

*1 Päckchen Vanillezucker*

*abgeriebene Schale von*

*1/2 unbehandelten Orange*

*2 Eiweiß*

*2 TL Zitronensaft*

*100 g dunkle Kuvertüre*

# Nussplätzchen

## MIT NOUGATFÜLLUNG

**Zutaten** *für ca. 45 Stück*

150 g Mehl

100 g gemahlene Haselnüsse

100 g Zucker

1 TL abgeriebene unbehan-
delte Zitronenschale

Salz · 1 Ei

Mark von 1 Vanilleschote

125 g kalte Butter

50 g Mokkaschokolade

200 g Nussnougatmasse

1 TL Instant-Kaffeepulver

150 g Vollmilchkuvertüre

**Zubereitung**

1 Das Mehl mit den Nüssen, dem Zucker, der Zitronenschale und 1 Prise Salz mischen, auf die Arbeitsfläche häufen und in die Mitte eine Mulde drücken. Das Ei, das Vanillemark und etwa 50 ml lauwarmes Wasser in die Mulde geben, die Butter in Stücke schneiden und um das Ei herum verteilen. Alle Zutaten mit kühlen Händen rasch zu einem glatten Teig verkneten. Zu einer Kugel formen, in Frischhaltefolie wickeln und mindestens 30 Minuten kühl stellen.

2 Den Backofen auf 180°C vorheizen. Ein Backblech mit Backpapier auslegen. Den Teig zwischen zwei Lagen Frischhaltefolie etwa 4 mm dick ausrollen und mit verschiedenen blütenförmigen Ausstechern (etwa 4 cm Durchmesser) Plätzchen ausstechen, die Förmchen dabei zwischendurch in heißes Wasser tauchen. Auf das Blech setzen und im Ofen auf der mittleren Schiene etwa 10 Minuten backen. Die Plätzchen herausnehmen und auf dem Kuchengitter abkühlen lassen.

3 Für die Füllung die Mokkaschokolade hacken, die Nougatmasse klein schneiden und beides in einer Metallschüssel im heißen Wasserbad unter Rühren schmelzen lassen. Das Kaffeepulver untermischen. Die Nougatmasse in einen Spritzbeutel mit großer Lochtülle füllen und auf die Hälfte der Plätzchen kirschgroße Tupfen aufspritzen. Je eine passende Plätzchenblüte als »Deckel« daraufsetzen.

4 Die Kuvertüre hacken und in einer Metallschüssel im heißen Wasserbad unter Rühren schmelzen lassen. Die flüssige Kuvertüre in einen Gefrierbeutel füllen und am unteren Ende eine kleine Ecke abschneiden. Mit der Kuvertüre die Konturen der Plätzchen nachziehen und je 1 Tupfen in die Mitte setzen. Nach Belieben mit geraspelten, gehobelten oder mit Schokolade überzogenen Haselnüssen verzieren.

# Butterherzen

## MIT APRIKOSENFÜLLUNG

### Zutaten *für ca. 30 Stück*

*200 g weiche Butter*

*100 g Zucker*

*1 Päckchen Vanillezucker*

*Salz · 1 Eigelb*

*2 cl Weinbrand*

*frisch geriebene Muskatnuss*

*300 g Mehl*

*ca. 6 EL Aprikosenkonfitüre*

*50 g Kakaopulver zum Bestäuben*

### Zubereitung

1 Die Butter, den Zucker, den Vanillezucker und 1 Prise Salz in einer Schüssel mit den Quirlen des Handrührgeräts cremig rühren.

2 Das Eigelb, den Weinbrand und 1 Prise Muskatnuss hinzufügen und unterrühren. Das Mehl darübersieben und alles zu einem glatten Teig verarbeiten. Zu einer Kugel formen, in Frischhaltefolie wickeln und 2 Stunden kühl stellen.

3 Den Backofen auf 180 °C vorheizen. Ein Backblech mit Backpapier auslegen. Den Teig zwischen zwei Lagen Frischhaltefolie 3 bis 4 mm dick ausrollen, mit Ausstechern Herzen (etwa 3 ½ cm Durchmesser) ausstechen und auf das Blech setzen, die Förmchen dabei zwischendurch in heißes Wasser tauchen.

4 Die Plätzchen im Ofen auf der mittleren Schiene etwa 12 Minuten hell backen. Die Plätzchen herausnehmen und auf dem Kuchengitter vollständig abkühlen lassen.

5 Die Konfitüre in einem kleinen Topf erwärmen. Die Hälfte der Plätzchen mit der Konfitüre bestreichen und die restlichen Plätzchen daraufsetzen. Die Plätzchen halbseitig mit Papier abdecken und durch ein feines Sieb mit Kakaopulver bestäuben.

*Leicht »beschwipst« schmeckt die Aprikosenfüllung auch sehr gut: Dafür die Konfitüre mit etwas Orangenlikör (z. B. Grand Marnier) verfeinern.*

# Marzipankringel

## MIT APRIKOSENFÜLLUNG

### Zubereitung

1 Den Backofen auf 180°C vorheizen. Ein Backblech mit Backpapier auslegen. Das Marzipan in Würfel schneiden. Die Butter mit dem Zucker und dem Marzipan in einer Schüssel mit den Quirlen des Handrührgeräts etwa 2 Minuten schaumig schlagen.

2 Die Eier nacheinander unterrühren. Das Mehl und die Mandeln mischen und zuletzt unterheben. Den Teig in einen Spritzbeutel mit großer Lochtülle füllen und als Kringel (à etwa 6 cm Durchmesser) auf das Blech spritzen.

3 Die Marzipankringel im Ofen auf der mittleren Schiene etwa 15 Minuten backen. Herausnehmen und auf dem Kuchengitter abkühlen lassen.

4 Die Konfitüre in einem Topf erwärmen und glatt rühren. Die Hälfte der Plätzchen auf der Unterseite damit bestreichen und mit den restlichen Plätzchen zusammensetzen. Die Marzipankringel leicht mit Puderzucker bestäuben.

*Beim Kauf von Marzipan sollten Sie besonders auf Qualität achten. Marzipan von weniger guter Qualität ist oft brüchig und lässt sich nicht gut verarbeiten.*

**Zutaten** *für ca. 40 Stück*

*100 g Marzipanrohmasse*

*150 g weiche Butter*

*100 g Zucker*

*3 Eier · 250 g Mehl*

*50 g geschälte gemahlene Mandeln*

*100 g Aprikosenkonfitüre*

*Puderzucker zu Bestäuben*

# Mangoschnecken

## UND ZITRUS-INGWER-TALER

### Zutaten

*für ca. 50 bzw. 60 Stück*

*Für die Mangoschnecken:*

*100 g weiche Butter*

*50 g Zucker*

*125 g Frischkäse*

*Mark von 1 Vanilleschote*

*1 Eigelb · 200 g Mehl*

*½ TL Backpulver*

*1 TL gemahlener Anis · Salz*

*150 g getrocknete Aprikosen*

*50 g getrocknete Mango*

*4 cl brauner Rum*

*5 EL Mangosirup*

*Zucker zum Bestreuen*

*Für die Zitrus-Ingwer-Taler:*

*150 g weiche Butter*

*100 g Puderzucker · 1 Ei*

*abgeriebene Schale von*

*2 unbehandelten Orangen*

*200 g geschälte gemahlene*

*Mandeln*

*200 g Mehl*

*Saft von 1 Zitrone*

*1 Eigelb*

*ca. 175 g kandierter Ingwer*

*(in feinen Würfeln)*

### Zubereitung

*1* Für die Mangoschnecken die Butter und den Zucker cremig rühren. Den Frischkäse, das Vanillemark und das Eigelb unterrühren. Das Mehl, das Backpulver, den Anis und 1 Prise Salz mischen, hinzufügen und alles zu einem glatten Teig verkneten. Zu einer Kugel formen, in Frischhaltefolie wickeln und 1 Stunde kühl stellen.

*2* Inzwischen getrocknete Aprikosen und Mango klein schneiden. Mit dem Rum und dem Mangosirup in einen hohen Rührbecher geben und mit dem Stabmixer pürieren.

*3* Den Teig halbieren und jeweils auf einem Bogen Backpapier zu einem Rechteck (etwa 15 x 30 cm) ausrollen. Jedes Rechteck mit der Hälfte des Mangopürees bestreichen, dabei auf der Längsseite einen Rand freilassen. Mithilfe des Backpapiers von dieser Seite her aufrollen. Die Teigrollen zugedeckt etwa 20 Minuten im Tiefkühlfach anfrieren lassen.

*4* Den Backofen auf 180°C vorheizen. Ein Backblech mit Backpapier auslegen. Die Teigrollen in etwa ½ cm breite Scheiben schneiden und auf das Blech legen. Mit Zucker bestreuen und im Ofen auf der mittleren Schiene etwa 12 Minuten backen. Herausnehmen und abkühlen lassen.

*5* Für die Zitrus-Ingwer-Taler die Butter, den Puderzucker und das Ei schaumig schlagen. Die Orangenschale, die Mandeln, das Mehl und den Zitronensaft unterrühren und alles zu einem Teig verkneten. Zu 2 Rollen (à etwa 4 cm Durchmesser) formen, in Frischhaltefolie wickeln und 3 Stunden kühl stellen.

*6* Den Backofen auf 180°C vorheizen. Von den Teigrollen etwa 4 mm dicke Scheiben abschneiden und mit etwas Abstand auf ein mit Backpapier ausgelegtes Backblech setzen. Mit dem verquirlten Eigelb bestreichen und mit Ingwerwürfeln bestreuen. Im Ofen auf der mittleren Schiene etwa 12 Minuten backen. Herausnehmen und abkühlen lassen.

# Vanilleplätzchen

## MIT ZUCKERGUSS

### Zubereitung

*1* Den Backofen auf 200 °C vorheizen. Ein Backblech mit Backpapier auslegen. Die Vanilleschote längs aufschneiden und das Mark herauskratzen.

*2* Die Butter, den Zucker und den Vanillezucker in einer Schüssel mit den Quirlen des Handrührgeräts cremig rühren. Das Vanillemark, die Eigelbe und 1 Prise Salz unterrühren.

*3* Das Mehl und das Backpulver mischen und kurz unter die Buttermasse kneten, bis ein glatter Teig entsteht.

*4* Den Teig auf der bemehlten Arbeitsfläche etwa 3 mm dick ausrollen und verschiedene sternförmige Plätzchen ausstechen. Die Förmchen dabei zwischendurch in heißes Wasser tauchen. Die Plätzchen auf das Blech setzen und im Ofen auf der mittleren Schiene etwa 10 Minuten hell backen. Herausnehmen und abkühlen lassen.

*5* Den Puderzucker mit dem Orangen- oder Zitronensaft glatt rühren und die Vanilleplätzchen damit bestreichen. Nach Belieben mit Zuckergusslinien verzieren und mit Zucker bestreuen.

*Plätzchen in besonderen Formen zaubern besinnliche Stimmung. Außergewöhnliche Ausstecher wie z. B. in Form von Rentieren, Schneemännern oder Schneeflocken erhalten Sie im Fachhandel, oder Sie können sie im Internet bestellen.*

### Zutaten *für ca. 40 Stück*

*1 Vanilleschote*

*125 g weiche Butter*

*50 g Zucker*

*1 Päckchen Vanillezucker*

*2 Eigelb · Salz*

*250 g Mehl*

*1 Msp. Backpulver*

*Mehl für die Arbeitsfläche*

*100 g Puderzucker*

*1–2 EL Orangen- oder*

*Zitronensaft*

# Zimtkugeln

## MIT WEISSER KUVERTÜRE

### Zubereitung

1 Für den Teig die Butter und den Zucker in einer Schüssel mit den Quirlen des Handrührgeräts schaumig schlagen. Das Eigelb und die saure Sahne unterrühren. Das Mehl, das Backpulver, 1 Prise Salz und den Zimt mischen, zur Buttermischung geben und alles rasch zu einem glatten Teig verkneten.

2 Den Backofen auf 180°C vorheizen. Ein Backblech mit Backpapier auslegen. Von dem Teig mit einem Teelöffel haselnussgroße Portionen abnehmen und mit angefeuchteten Händen zu Kugeln formen.

3 Die Zimtkugeln auf das Blech setzen, mit dem Kochlöffelstiel je eine kleine Vertiefung hineindrücken und die Plätzchen im Ofen auf der mittleren Schiene etwa 15 Minuten hell backen. Herausnehmen und abkühlen lassen.

4 Für die Deko die Kuvertüre hacken und in einem geschlossenen Gefrierbeutel im heißen Wasserbad schmelzen lassen. Am unteren Ende eine kleine Ecke abschneiden und die flüssige Kuvertüre in die Vertiefungen der Plätzchen füllen. Nach Belieben nach dem Trocknen Kuvertürespiralen auf die Plätzchen spritzen.

*Als Deko-Variante können Sie die Zimtkugeln auch einmal ohne Vertiefungen backen. Dann die noch warmen Plätzchen vorsichtig in einer Mischung aus 40 g feinstem Zucker und ½ TL Zimtpulver wenden.*

**Zutaten** *für ca. 30 Stück*

*60 g weiche Butter*

*75 g brauner Zucker*

*1 Eigelb*

*60 g saure Sahne*

*225 g Mehl*

*1 TL Backpulver*

*Salz*

*2 TL Zimtpulver*

*80 g weiße Kuvertüre*

# Nussmakronen

## MIT KAFFEE UND ZIMT

### Zutaten *für ca. 40 Stück*

*200 g gemahlene Haselnüsse*

*3 Eiweiß*

*Salz*

*200 g Zucker*

*1 TL Zitronensaft*

*2 EL Speisestärke*

*2 EL Instant-Kaffeepulver*

*½ TL Zimtpulver*

*Puderzucker und Kakao-pulver zum Bestäuben*

### Zubereitung

1 Die Nüsse in einer beschichteten Pfanne ohne Fett unter Rühren leicht anrösten und abkühlen lassen.

2 Den Backofen auf 150°C vorheizen. Ein Backblech mit Backpapier auslegen. Die Eiweiße mit 1 Prise Salz zu einem steifen Schnee schlagen, dabei nach und nach den Zucker einrieseln lassen. Den Zitronensaft hinzufügen und weiterschlagen, bis die Masse glänzt und weiche Spitzen bildet.

3 Die Haselnüsse mit der Stärke, dem Kaffeepulver und dem Zimt mischen und nach und nach mit dem Teigschaber vorsichtig unter den Eischnee heben.

4 Die Nussmasse in einen Spritzbeutel mit großer Lochtülle füllen und etwa 2 cm große Häufchen mit 3 cm Abstand zueinander auf das Blech spritzen. Im Ofen auf der mittleren Schiene 25 bis 30 Minuten backen.

5 Die Makronen herausnehmen, sofort vom Blech lösen und auf dem Kuchengitter abkühlen lassen. Durch ein feines Sieb zuerst mit Puderzucker bestäuben, dann die Makronen teilweise mit Papierstreifen abdecken und mit Kakao bestäuben.

*Den Spritzbeutel befüllen Sie am leichtesten, wenn Sie ihn in einen hohen Rührbecher stellen und den Rand großzügig nach außen umstülpen. Dann können Sie die Makronenmasse hineingeben und den Rand oben zusammennehmen.*

# Zimtschnecken

## MIT ZUCKER UND FRISCHKÄSE

**Zutaten** *für ca. 40 Stück*

60 g weiche Butter
50 g Frischkäse
140 g Zucker
1 Päckchen Vanillezucker
1 Eigelb
180 g Mehl
1 Msp. Backpulver
ca. 2 EL flüssige Butter
2 TL Zimtpulver

**Zubereitung**

1 Für den Teig die Butter mit dem Frischkäse in einer Schüssel mit den Quirlen des Handrührgeräts verrühren. 80 g Zucker, den Vanillezucker und das Eigelb hinzufügen und unterrühren. Das Mehl und das Backpulver mischen, über die Buttermasse sieben und unterrühren.

2 Den Teig zwischen zwei Lagen Frischhaltefolie zu einem Rechteck (etwa 20 x 30 cm) ausrollen. Die obere Frischhaltefolie abziehen und den Teig mit der zerlassenen Butter bestreichen. Den restlichen Zucker und den Zimt in einer kleinen Schüssel mischen und den Teig großzügig damit bestreuen, etwa 1 EL Zimtzucker auf einem großen Teller beiseitestellen.

3 Das Teigrechteck mithilfe der Folie von der schmalen Seite her fest aufrollen, die Teigrolle rundum im restlichen Zimtzucker wälzen, in die Folie wickeln und 3 Stunden kühl stellen.

4 Den Backofen auf 180°C vorheizen. Ein Backblech mit Backpapier auslegen. Die Teigrolle in etwa 1/2 cm dicke Scheiben schneiden und auf das Blech legen. Im Ofen auf der mittleren Schiene etwa 12 Minuten hell backen. Die Zimtschnecken herausnehmen und auf dem Kuchengitter abkühlen lassen.

*Zimt ist mit seinem süß-holzigen Aroma in der
Weihnachtsbäckerei ein häufig verwendetes Gewürz.
Sie sollten aber darauf achten, den etwas teureren,
aber unbedenklichen Ceylon-Zimt zu kaufen: Er enthält
das gesundheitsschädliche Cumarin nur in Spuren.*

# Sandplätzchen

## UND KNUSPERKEKSE

### Zutaten

*für ca. 20 bzw. 35 Stück*

Für die Sandplätzchen:
100 g Butter
80 g Zucker · Salz
½ TL gemahlene Vanille
(aus dem Bioladen)
150 g Mehl
1 TL Backpulver
1 verquirltes Ei
50 g gehackte Mandeln
Für die Knusperkekse:
je 100 g gehackte
Walnüsse und Haselnüsse
100 g gehackte geschälte
Mandeln
300 g Zucker
65 g Butter
200 g dunkle Kuvertüre
50 g dunkle Kuchenglasur

### Zubereitung

1 Für die Sandplätzchen den Backofen auf 200 °C vorheizen. Ein Backblech mit Backpapier auslegen. Die Butter in einem kleinen Topf erhitzen, bis sie hellbraun ist. Die flüssige Butter in eine Schüssel geben und bei Zimmertemperatur 10 Minuten abkühlen lassen.

2 Den Zucker, 1 Prise Salz und die Vanille zur Butter geben und alles hellcremig rühren. Mehl und Backpulver mischen und mit der Butter-Zucker-Mischung zu einem glatten Teig verkneten. Vom Teig haselnussgroße Portionen abnehmen, zu ovalen Bällchen formen und auf ein mit Backpapier ausgelegtes Backblech setzen. Die Sandplätzchen dünn mit dem Ei bestreichen und mit den Mandeln bestreuen. Die Plätzchen mit einem Messer längs einschneiden. Backofentemperatur auf 180 °C herunterschalten und die Plätzchen darin auf der mittleren Schiene 10 bis 15 Minuten hell backen.

3 Für die Knusperkekse den Backofen auf 180 °C vorheizen. Ein Backblech mit Backpapier auslegen. Beide Nusssorten und die Mandeln auf dem Blech verteilen und im Ofen auf der mittleren Schiene etwa 10 Minuten rösten. Herausnehmen und auf dem heißen Blech warm halten. Den Backofen nicht ausschalten.

4 Den Zucker in einem Topf bei schwacher Hitze schmelzen und goldbraun karamellisieren. Die Butter unterrühren und die Nüsse und Mandeln in den Topf geben. Das Blech im Ofen warm halten. Mit einem Kochlöffel so lange rühren, bis die Nussmischung gleichmäßig mit der Zuckermasse umhüllt ist. Das Blech aus dem Ofen nehmen, die Nussmischung (Achtung, heiß!) daraufgießen und sofort mit zwei nassen Teelöffeln zu Häufchen formen. Auf dem Backpapier fest werden lassen.

5 Die Kuvertüre und die Glasur hacken und in einer Metallschüssel im heißen Wasserbad unter Rühren schmelzen lassen. Die Knusperkekse mit der Unterseite in die Kuvertüre tauchen und auf Backpapier fest werden lassen.

# Wiener Spitzbuben

## MIT VANILLE UND KONFITÜRE

### Zubereitung

*1* Das Mehl, den Puderzucker und das Vanillemark auf der Arbeitsfläche mischen. Die kalte Butter in Stücke schneiden, zur Mehlmischung geben und alles mit kühlen Händen rasch zu einem glatten Teig verkneten. Zu einer Kugel formen, in Frischhaltefolie wickeln und 30 Minuten kühl stellen.

*2* Den Teig auf der bemehlten Arbeitsfläche etwa 3 mm dick ausrollen und mit einer quadratischen Form (3 x 3 cm) Plätzchen ausstechen. Aus der Hälfte der Plätzchen kleinere Löcher ausstechen.

*3* Die Plätzchen auf eine mit Backpapier ausgelegte Platte oder einen ausgelegten Teller setzen und nochmals 1 Stunde kühl stellen.

*4* Den Backofen auf 180 °C vorheizen. Die Plätzchen mit dem Backpapier auf ein Backblech geben und im Ofen auf der mittleren Schiene etwa 10 Minuten hell backen.

*5* Die Plätzchen herausnehmen und abkühlen lassen. Die Konfitüre erwärmen, durch ein Sieb streichen und die ganzen Plätzchen damit bestreichen. Die gelochten Plätzchen durch ein feines Sieb mit Puderzucker bestäuben und auf die bestrichenen Plätzchen setzen.

### Zutaten *für ca. 40 Stück*

200 g Mehl

100 g Puderzucker

Mark von 2 Vanilleschoten

120 g kalte Butter

Mehl für die Arbeitsfläche

ca. 6 EL Konfitüre (z. B. Aprikose oder Sauerkirsche)

Puderzucker zum Bestäuben

*Die ausgekratzten Vanilleschoten sollten Sie nicht entsorgen – sie eignen sich prima, um Vanillezucker herzustellen: Dafür die Schoten mit Zucker in ein gut verschließbares Glas geben und mindestens 1 Woche ziehen lassen.*

# Haselnusskipferln

## MIT VANILLEZUCKER

### Zubereitung

1 Die Haselnüsse in einer beschichteten Pfanne ohne Fett anrösten und abkühlen lassen.

2 Das Mehl mit Nüssen, 75 g Puderzucker, 1 Prise Salz, Zitronenschale und Vanillemark mischen und auf die Arbeitsfläche häufen. Die Butter in Stücke schneiden, zur Mehlmischung geben und alles mit kühlen Händen rasch zu einem glatten Teig verkneten. Zu Rollen à etwa 3 cm Durchmesser formen, in Frischhaltefolie wickeln und etwa 2 Stunden kühl stellen.

3 Den Backofen auf 180 °C vorheizen. Ein Backblech mit Backpapier auslegen. Von den Teigrollen etwa 1 cm dicke Scheiben abschneiden und zu Kipferln formen. Auf das Blech setzen und im Ofen auf der mittleren Schiene 10 bis 12 Minuten hell backen.

4 Den Vanillezucker und den restlichen Puderzucker mischen. Die Kipferln aus dem Ofen nehmen und noch warm vorsichtig im Vanillezucker wenden. Achtung, sie brechen sehr leicht!

*Durch das Anrösten wird das Aroma der Haselnüsse noch intensiver.*
*Für Zimtkipferln ersetzen Sie die Haselnüsse durch geriebene Mandeln und backen die Plätzchen wie oben beschrieben. Auf einem Teller 50 g feinsten Zucker mit ½ bis 1 TL Zimtpulver oder Lebkuchengewürz mischen und die noch heißen Kipferln vorsichtig in der Zucker-Zimt-Mischung wenden.*

### Zutaten *für ca. 60 Stück*

75 g gemahlene Haselnüsse

225 g Mehl

110 g Puderzucker · Salz

abgeriebene Schale von

½ unbehandelten Zitrone

Mark von 2 Vanilleschoten

200 g kalte Butter

2–3 EL Vanillezucker

Lebkuchen,
Spekulatius & Co.

# Pfefferkuchen

## MIT SCHOKO-MOKKABOHNEN

### Zutaten *für 30 – 40 Stück*

30 g Zitronat

250 g Mehl

2 Eier

250 g Zucker

1 TL Backpulver

½ TL Zimtpulver

½ TL Nelkenpfeffer

1 Msp. gemahlener
Kardamom

frisch geriebene Muskatnuss

weißer Pfeffer aus der Mühle

geschälte Mandeln und

Schoko-Mokkabohnen

für die Deko

### Zubereitung

*1* Am Vortag das Zitronat mit etwas Mehl in den Blitzhacker geben und fein hacken. Die Eier mit dem Zucker in einer Schüssel mit den Quirlen des Handrührgeräts etwa 7 Minuten schaumig schlagen.

*2* Das restliche Mehl mit dem gehackten Zitronat, dem Backpulver, dem Zimt, dem Nelkenpfeffer, dem Kardamom und je 1 Prise Muskatnuss und Pfeffer mischen und mit der Eiermasse zu einem glatten Teig verkneten. Zu einer Kugel formen, in Frischhaltefolie wickeln und etwa 1 Stunde kühl stellen.

*3* Ein Backblech mit Backpapier auslegen. Den Teig zwischen zwei Lagen Frischhaltefolie etwa ½ cm dick ausrollen und mit Ausstechern (etwa 5 cm Durchmesser) Sterne und Kreise ausstechen, die Förmchen dabei zwischendurch in heißes Wasser tauchen. In der Mitte kleinere Kreise ausstechen und die Pfefferkuchen mit etwas Abstand zueinander auf das Blech setzen. Die Mandeln halbieren und die Pfefferkuchen mit Mandelhälften und Schokobohnen verzieren. Über Nacht trocknen lassen.

*4* Am nächsten Tag den Backofen auf 175 °C vorheizen. Die getrockneten Pfefferkuchen an der Unterseite mit etwas Wasser anfeuchten und im Ofen auf der mittleren Schiene 15 bis 20 Minuten backen. Herausnehmen und auf dem Kuchengitter abkühlen lassen. Nach Belieben mit bunten Bändern versehen und an den Weihnachtsbaum hängen.

*Exotische Gewürze, die im Mittelalter unter dem
Sammelbegriff Pfeffer bekannt waren, sind wichtige Zutaten
für Lebkuchen – daher tragen die würzigen Küchlein
heute noch den Namen Pfefferkuchen.*

# Pflaumenlebkuchen

## UND INGWERMÜRBCHEN

### Zutaten

*für ca. 40 bzw. 60 Stück*

*Für die Lebkuchen:*
3 EL getrocknete Pflaumen
5 EL Slibowitz (serb.
Zwetschgenbranntwein)
300 g Honig · 50 g Zucker
je 1 TL Hirschhornsalz und
Pottasche
200 g Weizenmehl
120 g Roggenmehl
80 g Marzipanrohmasse
1½ EL Pflaumenmus
1 Eigelb
2 TL Zimtpulver
je 1 TL gemahlener Piment
und Kardamom
Mehl für die Arbeitsfläche
Milch zum Bestreichen

*Für die Ingwermürbchen:*
50 g Pinienkerne
40 g kandierter Ingwer
100 g Zartbitterschokolade
320 g Mehl · 1 Ei
220 g weiche Butter
50 g Zucker
½ TL Natron
Mehl für die Arbeitsfläche

### Zubereitung

1 Für die Lebkuchen die Pflaumen fein hacken. 1 EL abnehmen und in 2 EL Slibowitz einweichen. Den Honig und den Zucker in einem Topf unter Rühren erwärmen, bis sich der Zucker aufgelöst hat. In einer Schüssel 2 Stunden ruhen lassen.

2 Das Hirschhornsalz und die Pottasche mit dem restlichen Slibowitz anrühren. Zur Honigmischung geben und mit den übrigen Pflaumen und beiden Mehlsorten zu einem Teig verkneten. Zu einer Kugel formen, in Frischhaltefolie wickeln und etwa 1 Stunde kühl stellen.

3 Den Backofen auf 200 °C vorheizen. Ein Backblech mit Backpapier auslegen. Das Marzipan raspeln und mit Pflaumenmus, eingeweichten Pflaumen, Eigelb und den Gewürzen mischen. Den Teig auf der bemehlten Arbeitsfläche 3 mm dick ausrollen und Kreise (à 6 cm Durchmesser) ausstechen. Aus der Hälfte der Kreise kleine Löcher ausstechen. Die ganzen Teigkreise mit der Pflaumenfüllung bestreichen und die Teigringe darauflegen.

4 Die Pflaumenlebkuchen auf das Blech setzen und mit etwas Milch bestreichen. Im Ofen auf der mittleren Schiene etwa 10 Minuten backen. Nach Belieben mit geschmolzener weißer Kuvertüre verzieren.

5 Für die Ingwermürbchen die Pinienkerne grob und den Ingwer sehr fein hacken. Die Schokolade fein reiben. Mehl, Ei, Butter, Zucker, Natron, Pinienkerne, Ingwer und geriebene Schokolade zu einem glatten Teig verkneten. Den Teig in Frischhaltefolie wickeln und etwa 30 Minuten kühl stellen.

6 Den Backofen auf 200 °C vorheizen. Ein Backblech mit Backpapier auslegen. Den Teig auf der leicht bemehlten Arbeitsfläche etwa ½ cm dick ausrollen und Plätzchen, z. B. in Vogelform, ausstechen. Auf das Blech setzen und im Ofen auf der mittleren Schiene etwa 10 Minuten backen. Die Plätzchen herausnehmen, abkühlen lassen und nach Belieben mit geschmolzener weißer Kuvertüre verzieren.

# Thymian-Schoko-Kekse

## UND MANDELSPEKULATIUS

### Zutaten

*für jeweils ca. 50 Stück*

*Für die Thymiankekse:*
2 EL Thymianblättchen
50 g Zucker
150 g Vollmilchschokolade
200 g weiche Butter
abgeriebene Schale von
1 unbehandelten Orange
Salz
250 g Weizenmehl
100 g Reismehl

*Für die Spekulatius:*
250 g Mehl
150 g Butter
100 g Zucker
1 Päckchen Vanillezucker
100 g gemahlene Mandeln
2 Eier
1 Msp. Zimtpulver · Salz
gemahlener Anis, Piment,
Koriander und Muskatblüte
100 g Mandelblättchen
Milch zum Bestreichen
100 g Vollmilchkuvertüre

### Zubereitung

1 Für die Thymian-Schoko-Kekse den Thymian und den Zucker im Blitzhacker fein mahlen. Die Schokolade hacken und in einer Metallschüssel im heißen Wasserbad unter Rühren schmelzen. Die Butter, die Hälfte vom Thymianzucker, die Orangenschale und 1 Prise Salz cremig rühren. Die flüssige Schokolade und beide Mehlsorten hinzufügen und alles zu einem Teig verkneten. Zu einer Kugel formen, in Frischhaltefolie wickeln und 1 Stunde kühl stellen.

2 Den Backofen auf 180 °C vorheizen. Ein Backblech mit Backpapier auslegen. Den Teig zwischen zwei Lagen Backpapier etwa 3 mm dick ausrollen. Nach Belieben mit Ausstechern Blätter ausstechen oder -schneiden und auf das Blech setzen. Im Ofen auf der mittleren Schiene 15 bis 20 Minuten backen. Die Plätzchen herausnehmen und noch heiß mit dem restlichen Thymianzucker bestreuen.

3 Für die Spekulatius Mehl, Butter, Zucker, Vanillezucker, gemahlene Mandeln, Eier, Zimt und je 1 Prise Salz und gemahlene Gewürze zu einem glatten Teig verkneten. Zu einer Kugel formen, in Frischhaltefolie wickeln und 1 Stunde kühl stellen.

4 Den Backofen auf 200 °C vorheizen. Ein Backblech mit Backpapier auslegen und mit Mandelblättchen bestreuen. Den Teig darauf 2 bis 3 mm dick ausrollen, mit Ausstechern z. B. Tiere ausstechen oder portionsweise in Spekulatiusformen drücken. Die Plätzchen auf das Blech setzen, die Mandelblättchen etwas andrücken und die Spekulatius, falls nötig, nochmals kurz kühl stellen. Mit Milch bestreichen und im Ofen auf der mittleren Schiene 10 bis 12 Minuten backen. Herausnehmen und auf dem Kuchengitter abkühlen lassen.

5 Die Kuvertüre hacken und in einer Metallschüssel im heißen Wasserbad unter Rühren schmelzen lassen. In einen Gefrierbeutel füllen, am unteren Ende eine kleine Ecke abschneiden und die Mandelspekulatius mit der flüssigen Kuvertüre und nach Belieben mit ganzen Haselnüssen verzieren.

# Shortbread-Fingers

## MIT WALNÜSSEN

### Zutaten *für ca. 45 Stück*

150 g weiche Butter

100 g Zucker · Salz

230 g Mehl

50 g gemahlene Walnüsse

Mehl für die Arbeitsfläche

3 EL silberne Zuckerperlen

70 g feinster Zucker

### Zubereitung

*1* Die Butter mit dem Zucker und 1 Prise Salz in einer Schüssel mit den Quirlen des Handrührgeräts cremig rühren. Das Mehl und die Nüsse hinzufügen und alles rasch zu einem glatten Teig verkneten. Zu einer Kugel formen, in Frischhaltefolie wickeln und 1 Stunde kühl stellen.

*2* Den Backofen auf 180 °C vorheizen. Ein Backblech mit Backpapier auslegen. Den Teig auf der bemehlten Arbeitsfläche zu einem etwa 15 x 25 cm großen und 1½ cm dicken Rechteck ausrollen und auf das Backblech legen.

*3* Die Teigränder mit Alufolienstreifen stabilisieren. Den Teig mehrmals mit einer Gabel einstechen und im Ofen auf der mittleren Schiene 15 Minuten backen. Den Teig mit Alufolie abdecken und nochmals etwa 15 Minuten backen.

*4* Das Shortbread herausnehmen und noch heiß in Streifen schneiden. Die Silberperlen im Blitzhacker fein mahlen und mit dem Zucker mischen. Die Shortbread-Fingers in der Mischung wenden.

*Not very british – aber zu den Shortbreads sehr lecker: 1 Zimtstange, 8 Kardamomkapseln und 3 Nelken anrösten. ½ l frisch gebrühten Assam-Schwarztee mit den Gewürzen aufkochen und etwa 5 Minuten köcheln lassen. ½ l Milch und 4 EL Honig dazugeben und den Gewürztee etwas ziehen lassen. Durch ein Sieb gießen und servieren.*

# *Elisenlebkuchen*

## MIT MANDELN UND RUM

### *Zubereitung*

*1* Den Backofen auf 150°C vorheizen. Ein Backblech mit Backpapier auslegen. Die Eier mit dem braunen Zucker in einer Schüssel mit den Quirlen des Handrührgeräts schaumig schlagen.

*2* Das Lebkuchengewürz, die Zitronenschale und den Rum unterrühren und die Masse dickcremig schlagen. Die Mandeln, die Nüsse und das Backpulver mischen. Das Zitronat hacken und mit der Nussmischung unter die Eiermasse rühren.

*3* Die Lebkuchenmasse mit einem Esslöffel etwa 1 cm dick auf den Backoblaten verteilen, dabei zum Rand hin etwas abflachen. Die Lebkuchen auf das Blech setzen und im Ofen auf der mittleren Schiene etwa 30 Minuten backen.

*4* Den Puderzucker, die Butter und den Zitronensaft zu einem dicken Guss verrühren. Die Lebkuchen mit dem Guss bestreichen und nach Belieben mit Eisblumen und feinstem Zucker verzieren.

*Elisenlebkuchen sind eine Spezialität der Nürnberger Lebkuchen. Nur Produkte, die mindestens zu einem Viertel aus Mandeln und/oder Haselnüssen bestehen und nur einen sehr geringen oder gar keinen Anteil an Mehl beinhalten, dürfen sich so nennen.*

**Zutaten** *für ca. 40 Stück*

*2 Eier · 180 g brauner Zucker*

*2 TL Lebkuchengewürz*

*1 TL abgeriebene unbehandelte*
*Zitronenschale · 2 EL brauner Rum*

*je 125 g gemahlene Mandeln und*
*Haselnüsse*

*1 Msp. Backpulver · 75 g Zitronat*

*ca. 40 Backoblaten (4 cm Durchmesser)*

*150 g Puderzucker*

*1 EL weiche Butter*

*2–3 EL Zitronensaft*

# Florentiner

## MIT HONIG UND KIRSCHEN

### Zutaten *für ca. 40 Stück*

*Für den Teig:*
150 g Mehl
50 g Zucker
65 g kalte Butter
1 Eiweiß
*Mehl für die Arbeitsfläche*
*Für den Belag:*
25 g Belegkirschen
50 g Butter
100 g Zucker
2 EL Honig
125 g Sahne
400 g Mandelblättchen
100 g dunkle Kuvertüre
*Puderzucker zum Bestäuben*

### Zubereitung

*1* Für den Teig das Mehl mit dem Zucker in einer Schüssel mischen. Die Butter in Stücke schneiden und mit dem Eiweiß in die Schüssel geben. Alle Zutaten mit den Knethaken des Handrührgeräts rasch zu einem glatten Teig verkneten. Mit den Händen zu einer Kugel formen, in Frischhaltefolie wickeln und etwa 1 Stunde kühl stellen.

*2* Den Backofen auf 200 °C vorheizen. Ein Backblech mit Backpapier auslegen. Den Teig auf der bemehlten Arbeitsfläche etwa 4 mm dick ausrollen und mit einem runden Ausstecher mit Wellenrand (etwa 4 cm Durchmesser) Kreise ausstechen und auf das Blech legen. Das Förmchen dabei zwischendurch in heißes Wasser tauchen. Die Plätzchen im Ofen auf der mittleren Schiene etwa 5 Minuten vorbacken. Herausnehmen und auf dem Blech abkühlen lassen, den Backofen nicht ausschalten.

*3* Für den Belag die Belegkirschen fein hacken. Die Butter, den Zucker und den Honig in einer Pfanne bei schwacher Hitze unter ständigem Rühren schmelzen lassen und so lange weiterrühren, bis die Masse zu karamellisieren beginnt. Die Sahne unterrühren und 2 bis 3 Minuten köcheln lassen.

*4* Die Mandelblättchen und die Kirschen hinzufügen und weitere 3 bis 4 Minuten köcheln lassen, bis die Masse etwas eingedickt ist. Aus der Mandelmasse sofort mit zwei Teelöffeln Portionen abnehmen und als Häufchen auf die Plätzchen auf dem Backblech verteilen. Achtung, die Masse wird sehr schnell fest! Die Florentiner im Ofen auf der mittleren Schiene 7 bis 10 Minuten backen. Herausnehmen und auf dem Kuchengitter abkühlen lassen.

*5* Die Kuvertüre hacken und in einer Metallschüssel im heißen Wasserbad unter Rühren schmelzen lassen. Die Florentiner mit der Spitze in die flüssige Kuvertüre tauchen und trocknen lassen. Leicht mit Puderzucker bestäuben.

# Espresso-Kugeln

## UND SCHOKO-CANTUCCINI

### Zutaten

*für ca. 20 bzw. 60 Stück*

*Für die Kugeln:*
225 g Vollmilchschokolade
150 g Sahne
2 1/2 EL Butter
3 EL starker Espresso
1 EL Kaffeelikör
(z. B. Kahlúa)
ca. 3 EL Kakaopulver
80 g Marzipanrohmasse
100 g Puderzucker
grüne und rote Lebens-
mittelfarbe
Puderzucker für die
Arbeitsfläche
2 EL geschmolzene dunkle
Kuvertüre
*Für die Cantuccini:*
250 g Mehl
1 TL Backpulver
175 g Zucker
3 EL Kakaopulver
3 EL Butter
2 Eier · 2 EL Milch
200 g geschälte Mandeln
Mehl und Puderzucker
zum Bestäuben

### Zubereitung

1 Für die Kugeln am Vortag die Schokolade fein hacken. Die Sahne erwärmen, Schokolade und Butter hinzufügen und unter Rühren darin schmelzen lassen. Den Espresso und den Kaffeelikör unterrühren, die Mischung abkühlen und im Kühlschrank über Nacht fest werden lassen.

2 Am nächsten Tag die Espresso-Schoko-Masse in 20 kleine Portionen teilen, mit den Händen zu Kugeln formen und im Kakaopulver wälzen. Auf ein mit Backpapier ausgelegtes Backblech setzen und nochmals 1 Stunde kühl stellen.

3 Inzwischen für die Deko das Marzipan mit dem Puderzucker verkneten. Zwei Drittel davon mit einigen Tropfen grüner Lebensmittelfarbe grün, den Rest rot färben. Grünes Marzipan auf der mit Puderzucker bestäubten Arbeitsfläche 2 bis 3 mm dick ausrollen und 20 Blätter (à etwa 2 cm Länge) ausstechen oder -schneiden. Aus dem roten Marzipan 20 kleine Kugeln (à etwa 1/2 cm Durchmesser) drehen. Auf jeder Trüffelkugel mit etwas Kuvertüre je 1 Blatt und 1 Beere befestigen.

4 Für die Cantuccini das Mehl mit Backpulver, Zucker und Kakaopulver auf die Arbeitsfläche häufen und in die Mitte eine Mulde drücken. Die Butter sowie die Eier und die Milch in die Mulde geben und alles rasch mit kühlen Händen zu einem Teig verkneten. Zum Schluss die Mandeln unterkneten. Den Teig zu 5 Rollen formen, mit Mehl bestäuben, in Frischhaltefolie wickeln und 30 Minuten kühl stellen.

5 Den Backofen auf 200 °C vorheizen. Die Teigrollen mit etwas Abstand auf ein mit Backpapier ausgelegtes Backblech legen und im Ofen auf der mittleren Schiene etwa 15 Minuten backen. Herausnehmen und die Rollen schräg in 2 cm dicke Scheiben schneiden. Die Cantuccini auf das Blech legen und im Ofen bei 160 °C etwa 15 Minuten fertig backen. Herausnehmen, abkühlen lassen und mit Puderzucker bestäuben.

# Dänische Zuckerbrezeln

## UND DINKEL-NUSS-WÜRFEL

### Zutaten

*für jeweils ca. 50 Stück*

Für die Brezeln:

75 g weiche Butter

100 g Zucker

1 Päckchen Vanillezucker

Salz · 1 Ei · 2 Eigelb

1 TL abgeriebene unbehan-
delte Zitronenschale

2 Tropfen Bittermandelöl

200 g Mehl

50 g gemahlene Mandeln

1 gestr. TL Backpulver

ca. 4 EL Zucker zum
Bestreuen

Für die Würfel:

125 g weiche Butter

100 g Zucker

1 TL gemahlene Vanille

(aus dem Bioladen)

1 TL abgeriebene unbehan-
delte Zitronenschale

Salz · 1 Ei

200 g Dinkelmehl

50 g gemahlene Haselnüsse

je 1 TL Back- und
Zimtpulver

100 g Brombeergelee

50 g Marzipanrohmasse

### Zubereitung

1 Für die Brezeln die Butter mit dem Zucker, dem Vanillezucker und 1 Prise Salz in einer Schüssel mit den Quirlen
des Handrührgeräts cremig rühren. Das Ei, 1 Eigelb, die Zitronenschale und das Bittermandelöl hinzufügen und unterrühren. Das Mehl, die Mandeln und das Backpulver mischen
und mit der Butter-Eier-Masse zu einem Teig verkneten.
Den Teig halbieren, zu 2 Rollen (à etwa 20 cm Länge) formen, in Frischhaltefolie wickeln und 2 Stunden kühl stellen.

2 Den Backofen auf 180°C vorheizen. Ein Backblech mit Backpapier auslegen. Von den Teigrollen etwa 1 1/2 cm dicke Scheiben abschneiden, diese zu etwa 18 cm langen, bleistiftdicken
Strängen und anschließend zu Brezeln formen. Die Teig-
brezeln auf das Blech legen. Das restliche Eigelb mit 1 TL
Wasser verquirlen. Die Brezeln damit bestreichen und mit
Zucker bestreuen. Im Ofen auf der mittleren Schiene 10 bis
12 Minuten backen. Herausnehmen und abkühlen lassen.

3 Für die Würfel die Butter, den Zucker, die Vanille, die Zitronenschale und 1 Prise Salz in einer Schüssel cremig rühren.
Das Ei unterrühren. Das Dinkelmehl mit den Haselnüssen,
dem Backpulver und dem Zimt mischen und mit der Buttermasse zu einem glatten Teig verkneten. Zu einer Kugel formen,
in Frischhaltefolie wickeln und etwa 30 Minuten kühl stellen.

4 Den Backofen auf 180°C vorheizen. Den Teig zwischen zwei
Lagen Backpapier etwa 3 mm dick ausrollen, auf das Blech
legen und das obere Papier abziehen. Das Gelee glatt rühren
und den Teig damit bestreichen. Im Ofen auf der mittleren
Schiene etwa 10 Minuten backen.

5 Herausnehmen, kurz abkühlen lassen und die Platte halbieren. Die Hälften aufeinanderlegen und in Würfel schneiden.
Das Marzipan zwischen zwei Lagen Frischhaltefolie dünn
ausrollen, z.B. Tannenbäume ausstechen und die Würfel
damit verzieren.

# Erdnussrauten

## MIT SCHOKOGLASUR

### Zutaten *für ca. 30 Stück*

100 g Butter

100 g Haferflocken

70 g Erdnüsse · 1 Ei

100 g brauner Zucker

½ Päckchen Vanillezucker

Salz · ½ TL Zimtpulver

1 EL Erdnussbutter

40 g Weizenvollkornmehl

Butter für die Form

120 g dunkle Kuvertüre

### Zubereitung

*1* Den Backofen auf 200 °C vorheizen. Die Butter in einer Pfanne erhitzen, die Haferflocken darin unter Rühren etwa 4 Minuten rösten und vom Herd nehmen. Die Erdnüsse grob hacken.

*2* Das Ei mit dem Zucker, dem Vanillezucker, 1 Prise Salz und dem Zimt schaumig schlagen. Die Erdnussbutter, das Mehl, die Haferflocken und die Erdnüsse nach und nach unterrühren.

*3* Eine eckige ofenfeste Form (18 x 18 cm) einfetten. Den Teig hineingeben und glatt streichen. Im Ofen auf der mittleren Schiene etwa 12 Minuten goldbraun backen. Herausnehmen, noch heiß in Rauten schneiden und abkühlen lassen.

*4* Die Kuvertüre grob hacken und in einer Metallschüssel im heißen Wasserbad unter Rühren schmelzen lassen. Die Plätzchen mit der Oberseite in die Schokolade tauchen und auf dem Kuchengitter trocknen lassen. Nach Belieben mit feinen Linien aus geschmolzener Schokolade verzieren und mit feinstem Zucker bestreuen.

*Besonders schön sieht es aus, wenn Sie eine Hälfte der Rauten mit dunkler und die andere mit weißer Kuvertüre überziehen. Zu Sternen zusammengelegt, ist der Adventstisch so gleich festlich dekoriert.*

# Magenbrot

## MIT ROSENAROMA

### Zubereitung

*1* Den Honig mit der Butter und dem Zucker in einem Topf unter Rühren erhitzen, bis der Zucker geschmolzen ist. Die Masse etwas abkühlen lassen, dann das Ei unterrühren.

*2* Das Mehl, den Kakao und die Gewürze mischen und nach und nach unter die Honigmasse kneten. Die Pottasche mit dem Rosenwasser glatt rühren und ebenfalls unterkneten. Den Teig in Frischhaltefolie wickeln und 1 Stunde kühl stellen.

*3* Den Backofen auf 200 °C vorheizen. Ein Backblech einfetten. Den Teig auf das Blech geben und nicht zu dünn ausrollen. Im Ofen auf der mittleren Schiene etwa 20 Minuten backen. Herausnehmen und abkühlen lassen.

*4* Das Kaffeepulver in 3 EL heißem Wasser und dem Rum auflösen. Mit Kokosfett und Puderzucker glatt rühren. Das Magenbrot damit bestreichen und trocknen lassen.

*5* Das Magenbrot in etwa 3 cm große Würfel oder 8 x 1½ cm breite Rechtecke schneiden. Nach Belieben je 1 Schoko-Mokkabohne mit etwas Zuckerguss darauf befestigen.

*Die Schokolade lässt sich leichter reiben, wenn Sie sie etwa 30 Minuten vorher mitsamt der Reibe in das Tiefkühlfach legen. Besonders fest wird der Eischnee, wenn die Eiweiße gut gekühlt sind.*

### Zutaten *für ca. 45 Stück*

*200 g Honig · 50 g Butter*

*100 g brauner Zucker · 1 Ei*

*500 g Mehl · 1 EL Kakaopulver*

*1 TL Zimtpulver · je ½ TL Nelkenpulver*

*und gemahlener Kardamom*

*frisch geriebene Muskatnuss*

*2 TL Pottasche*

*3 EL Rosenwasser (aus der Apotheke)*

*Butter für die Form*

*je 2 TL Instant-Kaffeepulver, brauner*

*Rum und weiches Kokosfett*

*150 g Puderzucker*

Kuchen,
Stollen & Co.

# Gugelhupf

## MIT WALNÜSSEN UND ZIMT

### Zutaten

*für 1 Gugelhupfform*

*Für den Teig:*
100 g Butter
4 Eier
225 g Zucker
200 g Mehl
½ Päckchen Backpulver
½ TL Zimtpulver
120 g gemahlene Walnüsse
1 EL brauner Rum
50 ml Milch
*Für die Deko:*
80 g Marzipanrohmasse
2 EL Puderzucker
grüne und rote Speisefarbe
*Für den Guss:*
125 g Puderzucker
*Außerdem:*
Butter und Mehl für die
Form
Puderzucker für die Arbeitsfläche und zum Bestäuben

### Zubereitung

1 Für den Teig den Backofen auf 180 °C vorheizen. Die Gugel-hupfform einfetten und leicht mit Mehl bestäuben. Die But-ter in einem Topf bei schwacher Hitze zerlassen und abküh-len lassen. Die Eier trennen. Die Eiweiße zu einem steifen Schnee schlagen, dabei nach und nach ein Drittel des Zu-ckers einrieseln lassen.

2 Die Eigelbe mit dem restlichen Zucker in einer Schüssel mit den Quirlen des Handrührgeräts schaumig schlagen. Die Butter langsam dazugießen und weiterschlagen, bis die Masse hellschaumig ist.

3 Das Mehl mit dem Backpulver und dem Zimt mischen und mit den Nüssen, dem Rum und der Milch unter die Eigelb-masse rühren. Zuletzt nach und nach den Eischnee unter-heben. Den Teig in die Form füllen, glatt streichen und im Ofen auf der unteren Schiene etwa 1 Stunde backen.

4 Den Kuchen herausnehmen, kurz abkühlen lassen, vorsichtig aus der Form stürzen und auf dem Kuchengitter vollständig abkühlen lassen.

5 Für die Deko das Marzipan mit dem Puderzucker verkneten. Zwei Drittel des Marzipans mit einigen Tropfen Lebens-mittelfarbe grün, den Rest rot färben. Die Arbeitsfläche mit Puderzucker bestäuben, das grüne Marzipan darauf 2 bis 3 mm dick ausrollen und 12 Blätter ausstechen oder -schnei-den (à etwa 3 cm Länge). Das rote Marzipan in 12 kleine Portionen teilen und zu Kugeln drehen.

6 Für den Guss den Puderzucker mit wenig Wasser dick an-rühren und den Gugelhupf damit überziehen, etwas Guss beiseitestellen. Je 2 bis 3 Marzipanblätter auf dem Gugel-hupf befestigen und jeweils 2 bis 3 rote Beeren mit etwas Zuckerguss fixieren. Den Guss gut trocknen lassen. Den Kuchen leicht mit Puderzucker bestäuben und servieren.

# Christstollen

## MIT ROSINEN

**Zutaten** *für 1 Stollen*

1 Würfel Hefe (42 g)

¼ l warme Milch

500 g Mehl · Salz

75 g Butter

75 g Zucker · 2 Eier

80 g Rosinen

1 Eigelb zum Bestreichen

2–3 EL Mandelblättchen

### Zubereitung

*1* Die Hefe mit den Fingern zerbröckeln und in der Milch auflösen. Das Mehl mit 1 Prise Salz in eine Schüssel geben, in die Mitte eine Mulde drücken und die Hefemilch hineingießen. Etwas Mehl in die Milch rühren, mit Mehl bestäuben und den Vorteig zugedeckt an einem warmen Ort gehen lassen, bis sich an der Oberfläche Risse bilden.

*2* Die Butter zerlassen und abkühlen lassen. Die flüssige Butter mit Zucker und Eiern zum Vorteig geben und alles verkneten. Die Rosinen hinzufügen und weiterkneten, bis der Teig Blasen wirft und sich vom Schüsselrand löst. Den Hefeteig zugedeckt gehen lassen, bis sich sein Volumen etwa verdoppelt hat. Ein Backblech mit Backpapier auslegen.

*3* Den Hefeteig kurz durchkneten und zu 9 gleich großen Strängen (à etwa 35 cm Länge) formen. Aus 4 Teigsträngen einen Zopf flechten und auf das Blech legen. Die Zopfmitte mit wenig Wasser bestreichen.

*4* Aus 3 Teigsträngen einen weiteren Zopf flechten, auf den ersten Zopf in die Mitte legen und leicht andrücken. Die Zopfmitte mit wenig Wasser bestreichen. Die beiden restlichen Teigstränge miteinander verdrehen und auf den doppelten Zopf legen. Nochmals zugedeckt 10 Minuten gehen lassen. Den Backofen auf 200 °C vorheizen.

*5* Das Eigelb verquirlen, den Stollen damit bestreichen, mit Mandeln bestreuen und im Ofen auf der mittleren Schiene 30 bis 40 Minuten backen.

# Früchtekuchen

## MIT SCHOKOLADENGLASUR

### Zubereitung

*1* Die Hefe mit den Fingern zerbröckeln und in der Milch auflösen. Das Mehl mit 1 Prise Salz in eine Schüssel geben, in die Mitte eine Mulde drücken und die Hefemilch hineingießen. Etwas Mehl in die Milch rühren, mit Mehl bestäuben und den Vorteig zugedeckt an einem warmen Ort gehen lassen, bis sich an der Oberfläche Risse bilden.

*2* Die Butter zerlassen und abkühlen lassen. Die Belegkirschen halbieren und die Apfelringe vierteln. Die flüssige Butter mit dem Zucker zum Vorteig geben und alles verkneten.

*3* Rosinen, Zitronat, Orangeat, Kirschen und Apfelringe untermischen. Den Teig kneten, bis er Blasen wirft und sich vom Schüsselrand löst. Zugedeckt gehen lassen, bis sich sein Volumen verdoppelt hat.

*4* Die Kastenform (28 cm Länge) einfetten und mit Mehl bestäuben. Den Teig nochmals kurz durchkneten, zu einem Strang formen und in die Form legen. Den Hefeteig in der Form nochmals zugedeckt 10 Minuten gehen lassen. Den Backofen auf 200°C vorheizen.

*5* Den Früchtekuchen im Ofen auf der mittleren Schiene etwa 30 Minuten goldbraun backen. Herausnehmen, aus der Form stürzen und auf dem Kuchengitter abkühlen lassen.

*6* Die Kuvertüre grob hacken und in einer Metallschüssel im heißen Wasserbad schmelzen lassen. Den Früchtekuchen mit der flüssigen Kuvertüre überziehen.

### Zutaten *für 1 Kastenform*

*30 g frische Hefe*

*200 ml warme Milch*

*400 g Mehl · Salz*

*70 g Butter · 50 g Belegkirschen*

*50 g getrocknete Apfelringe*

*50 g Zucker · 60 g Rosinen*

*je 50 g Zitronat und Orangeat*

*Butter und Mehl für die Form*

*200 g dunkle Kuvertüre*

# Gewürzkuchen

## MIT MARZIPANSTERNEN

**Zutaten** *für 8 Einmach-*
*gläser (à ¼ l Inhalt)*

*Für den Teig:*
*250 g weiche Butter*
*250 g Zucker*
*1 Päckchen Vanillezucker*
*2 TL abgeriebene unbehan-*
*delte Orangenschale*
*2 TL Lebkuchengewürz*
*4 Eier · 200 g Mehl*
*50 g Speisestärke*
*2 TL Backpulver*
*⅛ l Glühwein*
*(Fertigprodukt)*
*Für die Deko:*
*100 g Marzipanrohmasse*
*etwas Puderzuckerguss*
*Außerdem:*
*Butter und Semmelbrösel*
*für die Gläser*
*Puderzucker für die*
*Arbeitsfläche*

### Zubereitung

*1* Die Einmachgläser gut einfetten und mit Semmelbröseln ausstreuen, dabei darauf achten, dass die Ränder sauber bleiben. Den Backofen auf 180 °C vorheizen.

*2* Für den Teig die Butter mit dem Zucker, dem Vanillezucker, der Orangenschale und dem Lebkuchengewürz in eine Schüssel geben und mit den Quirlen des Handrührgeräts cremig rühren. Nach und nach die Eier unterrühren.

*3* Das Mehl mit der Speisestärke und dem Backpulver mischen und abwechselnd mit dem Glühwein unter die Butter-Eier-Masse rühren.

*4* Den Teig etwa drei Viertel hoch in die Gläser füllen, dabei darauf achten, dass die Ränder sauber bleiben. Die Kuchen auf dem Ofengitter im Ofen auf der mittleren Schiene 20 bis 25 Minuten backen.

*5* Für die Deko das Marzipan weich kneten. Die Arbeitsfläche mit Puderzucker bestäuben und das Marzipan darauf etwa 4 mm dick ausrollen. Aus der Marzipanplatte mit Ausstechern verschieden große Sterne ausstechen.

*6* Die Kuchen aus dem Ofen nehmen und kurz im Glas ruhen lassen. Dann stürzen und vollständig abkühlen lassen. Die Marzipansterne mit etwas Zuckerguss dekorativ auf den Kuchen befestigen und durch ein feines Sieb leicht mit Puderzucker bestäuben.

*Sie können die Kuchen auch nach dem Backen kurz*
*ausdampfen lassen und mit Gummiringen und*
*Deckeln gut verschließen. So lassen sie sich hübsch*
*verpackt verschenken und sind etwa 2 Wochen haltbar.*

# Apfelstrudel

## MIT MARZIPAN

### Zutaten *für 1 Strudel*

*Für den Teig:*

150 g Mehl

Salz · 1½ EL Öl

1 kleines Eigelb

Öl zum Bestreichen

1 EL zerlassene Butter

2 EL gemahlene Mandeln

*Für die Füllung:*

400 g Äpfel (z. B. Boskop)

100 g Marzipanrohmasse

2 EL Rosinen

3 EL gehackte Mandeln

2 TL abgeriebene unbehandelte Orangenschale

2 EL Zucker

Zimtpulver

*Außerdem:*

Mehl zum Verarbeiten

### Zubereitung

1 Für den Teig das Mehl mit 1 Prise Salz in eine Schüssel sieben. Das Öl, das Eigelb und 80 ml lauwarmes Wasser hinzufügen und alles mit den Knethaken des Handrührgeräts verrühren, sodass ein geschmeidiger, weicher Strudelteig entsteht. Den Teig einige Minuten kräftig kneten, bis ein elastischer und glänzender Teig entsteht. Zu einer Kugel formen, mit Öl bestreichen, in Frischhaltefolie wickeln und etwa 1 Stunde ruhen lassen.

2 Den Backofen auf 180 °C vorheizen. Ein tiefes Backblech mit Backpapier auslegen. Für die Füllung die Äpfel vierteln, schälen und die Kerngehäuse entfernen. Die Apfelviertel in dünne Spalten schneiden und nach Belieben mit etwas Zitronensaft beträufeln. Das Marzipan in kleine Würfel schneiden.

3 Den Teig auf einem großen bemehlten Küchentuch (40 x 40 cm) mit dem Nudelholz etwas ausrollen und anschließend mit den Handrücken von der Mitte aus vorsichtig zu einem hauchdünnen Rechteck ausziehen. Dabei darauf achten, dass der Teig nicht reißt. Den Teig sofort mit der Hälfte der zerlassenen Butter bestreichen und mit den gemahlenen Mandeln bestreuen. Dicke Teigränder abschneiden.

4 Die Äpfel an der Längsseite des Teigs in einem Strang verteilen. An den Schmalseiten einen etwa 4 cm breiten Rand frei lassen. Das Marzipan mit den Rosinen, den Mandeln und der Orangenschale auf den Äpfeln verteilen. Mit Zucker und 1 Prise Zimt bestreuen. Die schmalen Teigseiten nach innen über die Füllung einschlagen und den Strudel mithilfe des Tuchs von der Längsseite her aufrollen.

5 Den Strudel mit der Nahtstelle nach unten auf das Backblech setzen und mit der restlichen zerlassenen Butter bestreichen. Den Apfelstrudel im Ofen auf der mittleren Schiene etwa 30 Minuten backen. Herausnehmen, etwas abkühlen lassen, in Stücke schneiden und noch warm – nach Belieben mit halb steif geschlagener Sahne – servieren.

# Biskuitroulade

## MIT ERDBEERKONFITÜRE

### Zubereitung

1 Für den Teig den Backofen auf 180 °C vorheizen. Ein Backblech mit Backpapier auslegen. Die Eier trennen. Die Eiweiße zu einem steifen Schnee schlagen, dabei nach und nach die Hälfte des Zuckers einrieseln lassen. Die Eigelbe mit dem restlichen Zucker, 1 Prise Salz und der Zitronenschale schaumig rühren.

2 Den Eischnee unter die Eigelbcreme heben. Das Mehl und die Stärke darübersieben und unterheben. Die Biskuitmasse auf das Blech streichen und im Ofen auf der mittleren Schiene 10 bis 12 Minuten backen.

3 Den Biskuit herausnehmen, auf ein mit Zucker bestreutes Küchentuch stürzen und das Backpapier abziehen. Die Konfitüre auf den Biskuit streichen und diesen mithilfe des Küchentuchs von der Längsseite her einrollen. Dann die Biskuitrolle abkühlen lassen.

4 Für die Deko die Hälfte des Puderzuckers mit dem Zitronensaft und, falls nötig, etwas Wasser zu einem dicken Guss verrühren und die Roulade damit überziehen. Den restlichen Puderzucker und nach Belieben noch etwas Wasser unter den übrigen Zuckerguss rühren. Den Guss in einen Spritzbeutel mit kleiner Lochtülle füllen und die Biskuitroulade mit feinen Linien und den verschiedenfarbigen Zuckerperlen verzieren.

### Zutaten *für 1 Roulade*

*Für den Teig:*

*6 Eier · 100 g Zucker · Salz*

*1 Msp. abgeriebene unbehandelte*

*Zitronenschale*

*125 g Mehl · 2 EL Speisestärke*

*250 g Erdbeerkonfitüre*

*Für die Deko:*

*250 g Puderzucker · 3 EL Zitronensaft*

*3–4 EL silberne Zuckerperlen*

*2 EL rote Zuckerperlen*

*Außerdem:*

*Zucker für das Küchentuch*

*Bereiten Sie doch auch mal eine sahnige Füllung zu:
Dafür 250 g aufgetaute Tiefkühl-Erdbeeren pürieren und
unter 400 g geschlagene Sahne ziehen. Nach Belieben
mit Gelatine gelieren und mit Vanillezucker süßen.*

# Hefezopf

## MIT APRIKOSENFÜLLUNG

### Zubereitung

*1* Die Hefe mit den Fingern zerbröckeln und mit
1 EL Zucker in 6 EL Milch auflösen. Das Mehl mit
1 Prise Salz in eine Schüssel geben und in die Mitte
eine Mulde drücken. Die Hefemilch hineingießen
und mit etwas Mehl bestäuben. Den Vorteig zugedeckt an einem warmen Ort gehen lassen, bis sich
sein Volumen verdoppelt hat und sich an der Oberfläche Risse bilden.

*2* Den restlichen Zucker mit dem Ei, der Butter und
der Zitronenschale hinzufügen und mit Vorteig,
Mehl und übriger Milch zu einem geschmeidigen
Teig verkneten. Zugedeckt an einem warmen Ort
30 Minuten gehen lassen.

*3* Für die Füllung die Aprikosen fein hacken und in
einem Topf mit dem Saft etwa 15 Minuten kochen
lassen. Die Aprikosen abkühlen lassen und pürieren.
Das Eiweiß, den Vanillezucker und den Grappa
unterrühren.

*4* Den Backofen auf 180°C vorheizen. Den Hefeteig
durchkneten, auf der bemehlten Arbeitsfläche in
3 gleich große Stücke teilen und jedes Teigstück
zu einem Rechteck (à 30 x 60 cm) ausrollen. Je ein
Drittel Füllung darauf verstreichen und dabei einen Rand frei lassen. Die Hefeteigplatten von der
Längsseite her aufrollen und die Rollen zu einem
Zopf flechten. Nochmals zugedeckt etwa 20 Minuten gehen lassen. Ein Backblech mit Backpapier
auslegen.

*5* Den Hefezopf auf das Blech legen. Das Eigelb und
die Milch verquirlen, den Zopf damit bestreichen
und im Ofen auf der mittleren Schiene 45 Minuten
goldbraun backen. Herausnehmen, abkühlen lassen
und nach Belieben mit Puderzucker bestäuben.

### Zutaten *für 1 Zopf*

½ *Würfel Hefe (21 g) · 80 g Zucker*

⅛ *l warme Milch · 500 g Mehl · Salz*

*1 Ei · 60 g weiche Butter*

*abgeriebene Schale von*

*1 unbehandelten Zitrone*

*300 g getrocknete Aprikosen*

*200 ml Apfelsaft · 1 Eiweiß*

*1 Päckchen Vanillezucker*

*2 cl Grappa (ital. Tresterbrand)*

*Mehl für die Arbeitsfläche*

*1 Eigelb · 2 EL Milch*

# Mohnstrudel

## MIT RUMROSINEN

### Zutaten *für 1 Strudel*

*Für den Teig:*
*½ Würfel Hefe (21 g)*
*3 EL Zucker*
*300 g Mehl*
*1 EL Öl · Salz · 1 Ei*
*1 EL abgeriebene unbehan-*
*delte Zitronenschale*
*Für die Füllung:*
*150 g Rosinen*
*2 cl brauner Rum*
*200 g Walnüsse*
*200 g gemahlener Mohn*
*¼ l Milch*
*80 g Zucker*
*Mark von 1 Vanilleschote*
*50 g Sahne*
*5 EL Semmelbrösel*
*Außerdem:*
*Mehl für die Arbeitsfläche*

### Zubereitung

1 Für den Teig die Hefe mit den Fingern zerbröckeln und mit dem Zucker in einer Tasse in 100 ml lauwarmem Wasser auflösen. Das Hefewasser mit dem Mehl, dem Öl, 1 Prise Salz, dem Ei und der Zitronenschale in eine Schüssel geben und mit den Knethaken des Handrührgeräts zu einem glatten und elastischen Teig verkneten, der sich vom Schüsselrand löst. Den Hefeteig zugedeckt an einem warmen Ort etwa 1 Stunde gehen lassen, bis sich sein Volumen etwa verdoppelt hat.

2 Inzwischen für die Füllung die Rosinen in einer kleinen Schüssel im Rum einweichen. Die Walnüsse hacken und mit dem Mohn, der Milch, dem Zucker und dem Vanillemark in einem Topf erhitzen und 5 Minuten leicht köcheln lassen. Die Mohnmischung vom Herd nehmen, die Rosinen mit dem Rum und die Sahne unterrühren und die Mohnfüllung etwa 20 Minuten quellen lassen.

3 Den Hefeteig auf der bemehlten Arbeitsfläche durchkneten, mit dem Nudelholz zu einem dünnen Rechteck ausrollen und mit Semmelbröseln bestreuen. Die Mohnfüllung auf dem Hefeteig verstreichen, dabei einen etwa 2 cm breiten Rand frei lassen. Das Teigrechteck von der Längsseite her aufrollen und die Ränder gut andrücken. Den Mohnstrudel nochmals zugedeckt an einem warmen Ort 15 Minuten gehen lassen. Den Backofen auf 180 °C vorheizen. Ein Backblech mit Backpapier auslegen.

4 Den Mohnstrudel mit der Nahtstelle nach unten auf das Blech legen und im Ofen auf der mittleren Schiene etwa 50 Minuten backen. Den Strudel herausnehmen, abkühlen lassen und zum Servieren in Scheiben schneiden.

# Mini-Panettone

## MIT MANDELN UND ROSINEN

### Zutaten *für ca. 18 Stück*

250 g Mehl

½ Würfel Hefe (21 g)

50 g Zucker

50 ml warme Milch

abgeriebene Schale von
je 1 unbehandelten Zitrone
und Orange

100 g weiche Butter

1 Ei · 2 Eigelb

80 g kandierte Früchte
(z. B. Belegkirschen,
Orangeat, Zitronat)

5 cl brauner Rum

80 g Rosinen

80 g Mandelstifte

60 g Puderzucker

### Zubereitung

*1* Das Mehl in eine Schüssel sieben und in die Mitte eine Mulde drücken. Die Hefe mit den Fingern zerbröckeln, mit 1 EL Zucker und der Milch verrühren und in die Mulde geben. Den Vorteig mit Frischhaltefolie zugedeckt an einem warmen Ort 15 Minuten gehen lassen.

*2* Die Mehlmischung und den Vorteig mit Zitronen- und Orangenschale, restlichem Zucker, Butter, Ei und Eigelben zu einem elastischen Teig verkneten. Zugedeckt etwa 1 Stunde gehen lassen.

*3* Die kandierten Früchte fein hacken. Den Rum erhitzen, die Rosinen und die kandierten Früchte hinzufügen. Vom Herd nehmen und ziehen lassen, bis der Teig gegangen ist.

*4* Die Mandelstifte in einer beschichteten Pfanne ohne Fett goldbraun rösten. 4 EL Puderzucker darüberstäuben und karamellisieren. 18 Back- oder Souffléförmchen (à 200 ml Inhalt) mit Pergamentpapier auslegen und den Papierrand etwas hochziehen.

*5* Den Backofen auf 175 °C vorheizen. Die kandierten Früchte, die Rosinen und die Mandeln unter den Teig kneten. Den Teig zu Kugeln formen, in die Förmchen setzen und nochmals 10 Minuten gehen lassen. Die Mini-Panettone im Ofen auf der mittleren Schiene 45 Minuten goldbraun backen. Die Panettone mit Papier aus den Förmchen heben und durch ein feines Sieb mit dem restlichen Puderzucker bestäuben.

*Wer nicht so viele Förmchen hat, kann die Mini-Panettone auch nacheinander backen. Oder Sie umwickeln die Teigkugeln mit Pergamentpapier und backen die Mini-Panettone auf einem Blech.*

# Apfelkuchen

## MIT MANDELBAISER

### Zutaten *für 1 Backblech*

*1,2 kg Äpfel · 1 EL Zitronensaft*

*2 EL Rumrosinen*

*Butter und Mehl für das Blech*

*200 g weiche Butter*

*250 g Zucker · 1 EL brauner Rum*

*½–1 TL Lebkuchengewürz*

*2 Eier · 3 Eigelb*

*225 g Mehl · 50 g Speisestärke*

*2 TL Backpulver · 4 EL Milch*

*100 g Mandelblättchen*

*3 Eiweiß · Salz*

### Zubereitung

1 Für den Belag die Äpfel vierteln, schälen und die Kerngehäuse entfernen. Die Apfelviertel auf der Gemüsereibe raspeln und mit dem Zitronensaft und den Rumrosinen mischen.

2 Den Backofen auf 200 °C vorheizen. Ein Backblech einfetten und mit Mehl bestäuben. Die Butter mit 100 g Zucker, dem Rum und dem Lebkuchengewürz verrühren. Nach und nach die Eier und die Eigelbe unterrühren und die Masse hellschaumig schlagen.

3 Das Mehl mit der Speisestärke und dem Backpulver auf die Buttermasse sieben und mit der Milch unterheben.

4 Den Rührteig auf dem Blech verteilen und glatt streichen. Die Apfel-Rosinen-Mischung gleichmäßig auf dem Teig verteilen. Den Blechkuchen im Ofen auf der mittleren Schiene 20 Minuten backen.

5 Für das Baiser die Mandelblättchen in einer beschichteten Pfanne ohne Fett anrösten und abkühlen lassen. Die Eiweiße mit 1 Prise Salz zu einem steifen Schnee schlagen, dabei nach und nach den restlichen Zucker einrieseln lassen. Die Mandelblättchen unter den Eischnee heben.

6 Den Apfelkuchen aus dem Ofen nehmen und das Mandelbaiser gleichmäßig auf den Äpfeln verstreichen. Im Ofen weitere 15 bis 20 Minuten backen. Den Kuchen nach Belieben mit Puderzucker bestäuben und noch warm in Stücke schneiden.

*Der Kuchen wird besonders aromatisch, wenn Sie die Hälfte der Äpfel durch Birnen ersetzen.*

# Schokoladenwürfel

## MIT KANDIERTEM INGWER

### Zubereitung

1 Den Backofen auf 180°C vorheizen. Ein Backblech einfetten. Die Butter mit dem Zucker, 1 Prise Salz, dem Vanillemark und dem Ingwer in einer Schüssel cremig rühren. Nach und nach die Eier unterrühren und die Masse dickschaumig schlagen.

2 Von der Kuvertüre 150 g fein reiben, mit Mehl, Backpulver und Haselnüssen mischen und unter die Eiermasse rühren. Den Teig auf dem Blech verteilen und glatt streichen. Im Ofen auf der mittleren Schiene etwa 30 Minuten backen.

3 Die Konfitüre mit 2 EL Wasser in einem kleinen Topf erwärmen und mit dem Stabmixer pürieren. Den noch heißen Kuchen mit der Aprikosenkonfitüre glasieren.

4 Die restliche Kuvertüre grob hacken und in einer Metallschüssel im heißen Wasserbad unter Rühren schmelzen lassen. Die Sahne unterrühren und den Kuchen großzügig mit der Kuvertüre überziehen. Kurz vor dem Erstarren in etwa 2 1/2 cm große Würfel schneiden und durch ein feines Sieb dick mit Kakao bestäuben.

*Als festliche Deko eignet sich kandierter Ingwer, den man in feine Streifen schneidet. Die Aprikotur gibt dem Kuchen einen feinsäuerlichen Geschmack und sorgt gleichzeitig dafür, dass der Schokoladenüberzug besser hält. Darüber hinaus werden die Schokowürfel vor dem Austrocknen geschützt.*

### Zutaten *für 1 Backblech*

*Butter für das Blech*

*250 g weiche Butter*

*190 g Zucker · Salz*

*Mark von 1 Vanilleschote*

*1 EL geriebener Ingwer*

*4 Eier · 350 g dunkle Kuvertüre*

*180 g Mehl*

*1 TL Backpulver*

*200 g gemahlene Haselnüsse*

*250 g Aprikosenkonfitüre*

*50 g Sahne*

*Kakaopulver zum Bestäuben*

# Rund um den Advent

# Mandel-Orangen-Busserln

## UND WEIHNACHTSNOUGAT

### Zutaten

*für jeweils ca. 60 Stück*

*Für die Busserln:*
40 g dunkle Kuvertüre
50 g gemahlene Mandeln
4 Eiweiß · 125 g Zucker
1 TL Honig · 50 g Mehl
2 EL Kakaopulver
75 g zerlassene Butter
ca. 200 g Orangen-
marmelade
Puderzucker zum Bestäuben
*Für den Nougat:*
Öl für die Form
400 g dunkler Nougat
400 g dunkle Kuvertüre
100 g Mandelblättchen
140 g Belegkirschen
1 EL Orangenlikör
(z. B. Grand Marnier)
50 g Pistazien

### Zubereitung

1 Für die Busserln den Backofen auf 190 °C vorheizen. Die Kuvertüre fein hacken. Die Mandeln in einer beschichteten Pfanne ohne Fett unter Rühren goldbraun rösten und abkühlen lassen. Die Eiweiße zu einem steifen Schnee schlagen, dabei nach und nach den Zucker einrieseln lassen. Den Honig unterrühren. Die Mandeln mit Mehl, Kakao und Kuvertüre mischen und portionsweise unter den Eischnee heben. Zuletzt die flüssige Butter untermischen.

2 Die Mandel-Schoko-Masse in einen Spritzbeutel mit großer Lochtülle füllen und etwa drei Viertel hoch in kleine Papier-backförmchen (à 10 ml Inhalt) spritzen. Die Orangenmarmelade in einen Spritzbeutel mit kleiner Lochtülle füllen und jeweils einen Tupfen in die Mitte der Busserln setzen. Busserln im Ofen auf der mittleren Schiene 12 bis 15 Minuten backen. Abkühlen lassen und mit Puderzucker bestäuben.

3 Für den Nougat eine Kastenkuchenform einfetten und mit Frischhaltefolie auslegen. Den Nougat und 150 g dunkle Kuvertüre hacken und in einer Metallschüssel im heißen Wasserbad unter Rühren schmelzen lassen. Die Mandelblättchen in einer beschichteten Pfanne ohne Fett goldbraun rösten.

4 Die Belegkirschen vierteln und mit Orangenlikör beträufeln. Mit den Pistazien und den Mandeln mischen, unter die Nougatmischung rühren und alles in die Kastenform füllen. Den Weihnachtsnougat im Kühlschrank mindestens 2 Stunden fest werden lassen.

5 Weihnachtsnougat mithilfe der Folie aus der Form stürzen, in 1/2 cm dicke Scheiben und diese dann in Würfel schneiden. Für die Glasur die restliche Kuvertüre hacken und in einer Metallschüssel im heißen Wasserbad schmelzen lassen. Die Nougatwürfel mithilfe einer Gabel zur Hälfte in die Kuvertüre tauchen und auf Backpapier trocknen lassen.

# Schoko-Brownies

## MIT WALNÜSSEN UND VANILLE

### Zutaten *für ca. 20 Stück*

*Butter für die Form*

*125 g Zartbitterschokolade*

*125 g Butter · 2 Eier*

*150 g brauner Zucker · 100 g Mehl*

*½ TL Backpulver · Salz*

*1 TL gemahlene Vanille*

*(aus dem Bioladen)*

*150 g Walnüsse*

*Puderzucker zum Bestäuben*

### Zubereitung

1 Den Backofen auf 200 °C vorheizen. Eine quadratische Form (20 x 20 cm) einfetten. Die Schokolade hacken, die Butter in Stücke schneiden. Beides in einer Metallschüssel im heißen Wasserbad unter Rühren schmelzen lassen.

2 Die Eier mit dem braunen Zucker in einer Schüssel mit den Quirlen des Handrührgeräts dickschaumig rühren. Nach und nach die Schokoladenbutter unterrühren.

3 Das Mehl mit Backpulver, 1 Prise Salz und Vanille mischen. Die Walnüsse fein hacken und mit der Mehlmischung unter den Teig rühren.

4 Den Teig in die Form füllen, glatt streichen und im Ofen auf der mittleren Schiene etwa 30 Minuten backen. Die Schokoplatte auf das Kuchengitter stürzen und abkühlen lassen. Anschließend in etwa 5 cm große Würfel schneiden.

5 Nach Belieben aus Papier oder Karton eine Sternschablone schneiden und auf die Brownies legen. Dann durch ein feines Sieb mit Puderzucker bestäuben und die Schablone entfernen.

*Original amerikanische Brownies sind in der Mitte noch cremig-weich und feucht. Diese Variante hier ist für europäische Gaumen gedacht und wird etwas länger gebacken. Falls Sie jedoch den typischen American Style bevorzugen, ziehen Sie von der Backzeit einfach 5 Minuten ab.*

# Knusperkonfekt

## MIT LEBKUCHENCREME

### Zubereitung

*1* Den Backofen auf 220 °C vorheizen. Ein kleines Backblech mit Backpapier auslegen. Die Haselnüsse fein hacken. Die Hälfte der Butter in einer Pfanne erhitzen, die Haferflocken darin etwa 3 Minuten anrösten und abkühlen lassen.

*2* Die Eier mit dem Rohrzucker, dem Vanillezucker, dem Salz und dem Zimt in einer Schüssel mit den Quirlen des Handrührgeräts schaumig schlagen. Nach und nach das Mehl, die Haselnüsse, das Haselnussmus und die Haferflocken-Butter-Masse unterrühren.

*3* Den Teig auf das Blech geben und glatt streichen. Im Ofen auf der mittleren Schiene 12 bis 15 Minuten goldbraun backen. Herausnehmen und abkühlen lassen.

*4* Die Teigplatte quer halbieren. Das Puddingpulver mit 4 EL Milch, Kakao und Lebkuchengewürz verrühren. Die restliche Milch mit dem Zucker aufkochen, die Lebkuchen-Pudding-Masse unterrühren und kurz aufkochen lassen. Unter Rühren etwas abkühlen lassen.

*5* Die restliche Butter schaumig schlagen und löffelweise unter die Lebkuchencreme rühren. Die Creme etwa 1/2 cm dick auf der unteren Teigplatte verstreichen. Die obere Teigplatte darauflegen, mit Ahornsirup bestreichen und mit dem Zucker bestreuen. Aus dem Teig mit Ausstechern Sterne ausstechen.

*6* Die Kuvertüre hacken und in einer Metallschüssel im heißen Wasserbad schmelzen lassen. Das Knusperkonfekt mit der Unterseite in die flüssige Kuvertüre tauchen und auf Backpapier trocknen lassen.

### Zutaten *für ca. 30 Stück*

*150 g Haselnüsse · 400 g Butter*

*200 g Haferflocken · 2 Eier*

*200 g Rohrzucker · 2 Päckchen Vanillezucker · 1/2 TL Salz · 1 TL Zimtpulver*

*80 g Mehl · 2 EL Haselnussmus*
*(aus dem Bioladen)*

*1 Päckchen Schokoladenpuddingpulver*

*400 ml Milch · 1 EL Kakaopulver*

*1 EL Lebkuchengewürz*

*70 g Zucker · 3–5 EL Ahornsirup*

*Zucker zum Bestreuen*

*200 g dunkle Kuvertüre*

# Schokohörnchen

## MIT NÜSSEN UND ZIMT

**Zutaten** *für ca. 24 Stück*

*Für den Teig:*
*100 g weiche Butter*
*200 g Frischkäse*
*200 g Mehl · Salz*
*Für die Füllung:*
*100 g Zartbitterschokolade*
*60 g gemahlene Walnüsse*
*2 EL Zucker*
*½–1 TL Zimtpulver*
*50 g Rosinen*
*2 EL weiche Butter*
*Außerdem:*
*1 Eigelb*
*4 EL Puderzucker*
*1–2 TL Zitronensaft*
*2 EL feinster Zucker*

**Zubereitung**

1 Für den Teig die Butter und den Frischkäse in einer Schüssel verrühren. Das Mehl und 1 Prise Salz darübersieben und unterkneten. Den Teig halbieren, zu 2 Kugeln formen, jeweils in Frischhaltefolie wickeln und 3 Stunden kühl stellen.

2 Für die Füllung die Schokolade fein hacken oder im Blitzhacker zerkleinern. Mit Walnüssen, Zucker, Zimt, Rosinen und Butter mischen.

3 Den Backofen auf 180 °C vorheizen. Ein Backblech mit Backpapier auslegen. Die Teigkugeln zwischen zwei Lagen Backpapier zu 2 Kreisen (à 25 cm Durchmesser) ausrollen. Die Teigkreise in je 12 »Tortenstücke« schneiden.

4 Jeweils etwa 1 TL Schoko-Nuss-Füllung in die Mitte eines Teigdreiecks geben und von der breiten Seite her zu Hörnchen aufrollen, die Enden leicht nach vorne biegen. Die Schoko-Nuss-Hörnchen auf das Blech legen. Das Eigelb mit 1 EL Wasser verquirlen und die Hörnchen damit bestreichen. Im Ofen auf der mittleren Schiene etwa 35 Minuten goldbraun backen. Herausnehmen und auf dem Kuchengitter abkühlen lassen.

5 Für die Deko den Puderzucker mit dem Zitronensaft zu einem Guss verrühren. Den Guss in einen Gefrierbeutel füllen, am unteren Ende eine kleine Ecke abschneiden und die Hörnchen mit Eiskristallen verzieren. Mit etwas feinstem Zucker bestreuen und trocknen lassen.

*Statt des Hörnchenteigs können Sie auch fertigen Blätter- oder Croissantteig aus dem Kühlregal verwenden. Einfach auf der Arbeitsfläche auslegen, in Dreiecke schneiden und füllen.*
*Die Füllung können Sie nach Belieben noch mit einem Klecks Konfitüre, etwas Marzipan oder abgetropften Schattenmorellen variieren.*

# Champagnertrüffeln

## IM SCHOKOLADENMANTEL

**Zutaten** *für ca. 30 Stück*

*Für die Trüffeln:*
*125 g weiße Kuvertüre*
*50 g weiche Butter*
*50 g Zucker*
*2 cl Champagner*
*1 TL Zitronensaft*
*Für die Deko:*
*300 g weiße Kuvertüre*

**Zubereitung**

1 Für die Trüffeln eine Platte oder einen großen Teller mit Backpapier auslegen. Die Kuvertüre hacken, in einer Metallschüssel im heißen Wasserbad unter Rühren schmelzen und lauwarm abkühlen lassen.

2 Die Butter und den Zucker in einer Schüssel mit den Quirlen des Handrührgeräts hellschaumig schlagen. Die Kuvertüre, den Champagner und den Zitronensaft zur Buttermasse geben und weiterschlagen, bis eine spritzfähige Masse entsteht.

3 Die Trüffelmasse in einen Spritzbeutel mit mittlerer Lochtülle füllen und etwa 1$\frac{1}{2}$ cm große Tupfen auf das Backpapier spritzen. Die Trüffeln etwa 2 Stunden kühl stellen.

4 Anschließend die fest gewordenen Trüffeltupfen mit kühlen Händen zu Kugeln drehen und im Tiefkühlfach 30 Minuten anfrieren lassen.

5 Für die Deko die Hälfte der Kuvertüre mit dem Sparschäler in Spänen auf einen Teller hobeln. Die restliche Kuvertüre hacken und in einer Metallschüssel im heißen Wasserbad unter Rühren schmelzen und etwas abkühlen lassen.

6 Die Trüffelkugeln aus dem Tiefkühlfach nehmen und mit einer Pralinengabel vollständig in die flüssige Kuvertüre tauchen. Die Champagnertrüffeln auf Backpapier antrocknen lassen. Dann die Trüffeln vorsichtig in den weißen Schokospänen wenden und am besten sofort servieren.

*Sie können die Trüffelmasse auch mit etwas abgeriebener*
*unbehandelter Orangen- oder Zitronenschale aromatisieren.*
*Statt Champagner können Sie auch trockenen Sekt*
*oder Grand Marnier verwenden.*

# Petit Fours

## MIT MARZIPAN UND RUM

**Zutaten** *für ca. 15 Stück*

*Für den Teig:*

*5 Eier · 150 g Zucker*

*50 g weiche Butter*

*75 g Mehl · 50 g Speisestärke*

*50 g geriebene Mandeln*

*Für die Füllung:*

*100 g Aprikosenkonfitüre*

*200 g Marzipanrohmasse*

*4 EL brauner Rum*

*Für den Überzug:*

*250 g Marzipanrohmasse*

*3 EL Puderzucker*

### *Zubereitung*

*1* Für den Teig den Backofen auf 180 °C vorheizen. Ein Backblech mit Backpapier auslegen. Die Eier trennen. Die Eiweiße zu einem steifen Schnee schlagen. Die Eigelbe mit dem Zucker in einer Schüssel mit den Quirlen des Handrührgeräts schaumig schlagen, dann die Butter unterrühren. Das Mehl, die Speisestärke und die Mandeln unterziehen. Nach und nach den Eischnee unterheben.

*2* Den Biskuitteig fingerdick auf das Blech streichen und im Ofen auf der mittleren Schiene etwa 12 Minuten backen. Herausnehmen, auf das Kuchengitter stürzen, Papier abziehen und abkühlen lassen.

*3* Für die Füllung die Konfitüre in einem kleinen Topf erhitzen und mit dem Stabmixer pürieren oder durch ein Sieb streichen. Den Biskuit zuerst längs, dann beide Platten quer halbieren. Die Konfitüre auf die aufgeschnittenen Seiten streichen. Das Marzipan mit dem Rum glatt rühren und auf die Konfitüre streichen. Die Platten so aufeinandersetzen, dass oben und unten eine glatte, ungeschnittene Seite ist, und in Quadrate schneiden.

*4* Für den Überzug das Marzipan zerkleinern, den Puderzucker darübersieben und alles gut verkneten. Die Marzipanmasse nach Belieben mit einigen Tropfen Lebensmittelfarbe z. B. gelb färben.

*5* Das Marzipan ausrollen und große Kreise ausschneiden. Die Marzipankreise auf die Petit Fours legen, die Seiten andrücken und überstehende Ränder abschneiden. Die Petit Fours nach Belieben mit Zuckerguss und feinstem Zucker verzieren.

# Nussknusperchen

## MIT WEISSER SCHOKOLADE

### Zubereitung

1. Die getrockneten Früchte und die Nüsse grob hacken. Die Kuvertüre ebenfalls grob hacken und in einer Metallschüssel im heißen Wasserbad unter Rühren schmelzen und etwas abkühlen lassen.

2. Die Trockenfrüchte, die Nüsse und die Cornflakes in die flüssige Kuvertüre geben und vorsichtig unterheben. Einen Bogen Backpapier auslegen.

3. Mit zwei Teelöffeln kleine Portionen von der Schoko-Nuss-Masse abnehmen und als Häufchen auf das Backpapier setzen. Die Nussknusperchen trocknen lassen.

4. Nach Belieben 50 g gehackte weiße Kuvertüre schmelzen, in einen Gefrierbeutel füllen und am unteren Ende eine kleine Ecke abschneiden. Die Knusperchen mit feinen Linien verzieren.

*Besonders hübsch sehen die Nussknusperchen aus, wenn Sie sie in farbige Pralinenförmchen setzen. Achten Sie beim Schmelzen der Kuvertüre unbedingt darauf, dass sie nicht zu heiß wird und kein Wasser in die Schüssel gelangt. Am besten hacken Sie die Kuvertüre und schmelzen zunächst zwei Drittel davon im heißen Wasserbad. Dann den Rest unterrühren und in der warmen Kuvertüre schmelzen lassen. Bei zu hohen Temperaturen wird die Kuvertüre stumpf und verliert ihren Glanz.*

### Zutaten *für ca. 30 Stück*

*40 g gemischte getrocknete Früchte*
*(z. B. Rosinen, Kirschen, Cranberries)*
*40 g gemischte Nüsse*
*(z. B. Pekannüsse, Walnüsse,*
*Macadamianüsse)*
*200 g weiße Kuvertüre*
*70 g Cornflakes*

# *Gewürz-Parfait*
## MIT MANDELBLÄTTCHEN

**Zutaten** *für 4 Personen*

*Für das Parfait:*
*2 Eigelb · 1 Ei*
*60 g Zucker*
*Mark von ½ Vanilleschote*
*je 1 Msp. gemahlener Kardamom, Zimt- und Nelkenpulver*
*1 Msp. abgeriebene unbehandelte Zitronenschale*
*200 g Sahne*
*Öl für die Form*
*2 EL Rumrosinen*
*Für die Glasur:*
*100 g Vollmilchkuvertüre*
*Außerdem:*
*2 EL Mandelblättchen*
*Puderzucker zum Bestäuben*

**Zubereitung**

*1* Für das Parfait die Eigelbe und das Ei mit der Hälfte des Zuckers, dem Vanillemark, den gemahlenen Gewürzen und der Zitronenschale in einer Metallschüssel hellschaumig schlagen.

*2* Den restlichen Zucker mit 3 EL Wasser in einem kleinen Topf bei schwacher Hitze etwa 1 Minute sirupartig einköcheln lassen. Den Zuckersirup unter den Eierschaum rühren und im warmen Wasserbad schaumig aufschlagen. Dann den Eierschaum im eiskalten Wasserbad kalt schlagen.

*3* Die Sahne halb steif schlagen und unter den kalten Eierschaum heben. Eine flache, eckige Auflaufform einfetten und mit Backpapier auslegen. Die Parfait-Masse etwa 1 cm hoch darin verteilen, mit Rumrosinen bestreuen und im Tiefkühlfach etwa 2 Stunden gefrieren lassen.

*4* Für die Glasur die Kuvertüre grob hacken und in einer Metallschüssel im heißen Wasserbad unter Rühren schmelzen lassen. Das Gewürz-Parfait aus dem Tiefkühlfach nehmen und mit der flüssigen Kuvertüre bestreichen. Das Parfait weitere 10 Minuten in das Tiefkühlfach stellen.

*5* Die Mandelblättchen in einer beschichteten Pfanne ohne Fett anrösten und abkühlen lassen. Das Parfait aus dem Tiefkühlfach nehmen und in Rechtecke schneiden. Sofort mit den gerösteten Mandelblättchen bestreuen, durch ein feines Sieb mit Puderzucker bestäuben und servieren.

*Zu dem Parfait passt eine heiße Himbeersauce:*
*Dafür 250 g tiefgekühlte Himbeeren mit 1 TL Zitronensaft und*
*2 EL Zucker erhitzen. Die Himbeersauce pürieren und nach*
*Belieben ganze Beeren untermischen.*

# Gefüllte Bratäpfel

## MIT NÜSSEN UND HONIG

### Zutaten *für 4 Personen*

*Für die Äpfel:*

2 EL Rosinen · ⅛ l Apfelsaft

4 große Äpfel (à ca. 200 g;
z. B. Boskop)

1 EL Zitronensaft

Butter für die Form

60 g geröstete Haselnüsse

3 EL weiche Butter

1 Msp. Zimtpulver · 1 EL Honig

1 TL abgeriebene unbehandelte
Zitronenschale

### Zubereitung

1 Für die Äpfel die Rosinen in einer kleinen Schüssel im Saft einweichen. Die Äpfel waschen, trocken reiben und jeweils einen Deckel abschneiden. Nach Belieben längs ein paar breite Streifen Schale abschälen. Mit einem Apfelausstecher die Kerngehäuse entfernen. Das Fruchtfleisch bis auf einen 1 cm dicken Rand mit einem Löffel herauslösen und die Äpfel innen mit Zitronensaft bestreichen.

2 Eine Auflaufform einfetten. Die Rosinen abtropfen lassen, den Saft dabei auffangen und in die Form gießen. Die Haselnüsse grob hacken und mit den Rosinen, 2 EL Butter, dem Zimt, dem Honig und der Zitronenschale mischen.

3 Den Backofen auf 180 °C vorheizen. Die Äpfel großzügig mit der Nussmischung füllen, die Deckel aufsetzen und die gefüllten Äpfel in die Form stellen. Die restliche Butter in Flocken auf den Äpfeln verteilen und die Äpfel im Ofen auf der mittleren Schiene etwa 25 Minuten backen. Die Bratäpfel herausnehmen und nach Belieben mit Vanillesauce (siehe Tipp) servieren.

*Zu den Bratäpfeln servieren Sie am besten eine Vanillesauce: Dafür ¼ l Milch, 250 g Sahne und Mark von 2 Vanilleschoten aufkochen lassen. 4 Eigelb und 100 g Zucker cremig schlagen. Die heiße Vanillemilch in die Eigelbcreme rühren, zurück in den Topf geben und bei schwacher Hitze so lange rühren, bis die Sauce eine leicht cremige Konsistenz hat. Durch ein Sieb streichen und abkühlen lassen.*

# Gefüllte Bratäpfel

## MIT APRIKOSEN UND MINZE

### Zubereitung

*1* Die Aprikosen etwa 20 Minuten in lauwarmem Wasser einweichen. Die Orange heiß waschen und trocken reiben. Die Hälfte der Schale fein abreiben, dann die Orange auspressen. Minzeblätter waschen, trocken tupfen und in feine Streifen schneiden.

*2* Die Aprikosen abtropfen lassen und in kleine Würfel schneiden. Das Marzipan mit dem Rum und dem Orangensaft cremig rühren, die Aprikosenwürfel und die Minzestreifen untermischen. Den Backofen auf 180 °C vorheizen.

*3* Die Äpfel waschen und jeweils einen Deckel abschneiden. Mit einem Apfelausstecher die Kerngehäuse entfernen. Das Fruchtfleisch bis auf einen 1 cm dicken Rand mit einem Löffel herauslösen, die Äpfel innen mit Zitronensaft bestreichen. Mit der Aprikosenmischung füllen und die Deckel wieder aufsetzen.

*4* Eine Auflaufform einfetten. Die gefüllten Äpfel in die Form setzen, mit flüssiger Butter beträufeln und mit etwas Puderzucker bestäuben. Im Ofen auf der mittleren Schiene etwa 25 Minuten backen. Die Bratäpfel mit jeweils 1 Kugel Vanilleeis anrichten und mit Minze garnieren.

*Die Aprikosen können Sie auch durch getrocknete Pflaumen, weiche Birnen oder Feigen ersetzen. Dann aromatisieren Sie die Füllmasse für die Bratäpfel statt mit Minze mit Zimtpulver oder Lebkuchengewürz.*

### Zutaten *für 4 Personen*

*100 g getrocknete Aprikosen*

*1 unbehandelte Orange · 8 Minzeblätter*

*75 g Marzipanrohmasse*

*2 EL brauner Rum*

*4 große Äpfel (à ca. 200 g;*

*z. B. Boskop)*

*1 EL Zitronensaft*

*Butter für die Form*

*3 EL zerlassene Butter*

*Puderzucker zum Bestäuben*

*4 Kugeln Vanilleeis (Fertigprodukt)*

*Minzeblätter für die Deko*

## Bildnachweis
Umschlagfotos: Vorderseite:
Martina Görlach; Rückseite:
StockFood/Foodphotography
Eising: links und Mitte; Stock-
Food/Susie Eising: rechts
Innenteil:
StockFood/FoodPhotography
Eising: 4 (oben links, oben und
unten rechts), 8–9, 11, 12, 15,
18, 21, 22, 23, 29, 31, 34, 35,
36–37, 47, 52, 57, 61, 65, 67,
69, 71, 72–73, 79, 81, 83, 86,
87; StockFood/Susie Eising:
7, 19, 25, 26, 27, 33, 41, 43, 44,
49, 51, 53, 70, 75, 76, 85;
StockFood/Emat Esprit: 82;
StockFood/Foodcollection: 13,
17, 39, 45, 77; StockFood/
Ian Garlick: 63; StockFood/
Alena Hrbkovà: 58, 59; Stock-
Food/Bernhard Winkelmann:
4 (unten links), 54–55, 64